टीन फिटनेस गाइड

नमिता जैन वेलनेस उद्योग का एक जाना-पहचाना नाम है। वे फिटनेस संबंधी विभिन्न अनुशासनों में प्रतिष्ठित अंतर्राष्ट्रीय प्रमाण पत्र पा चुकी हैं तथा बीस वर्षों से भी अधिक समय से वेलनेस स्पेस में, सक्रिय रूप से कार्यरत हैं।

एक स्वस्थ जीवनशैली चुनाव के रूप में फिटनेस से प्रेरित नमिता ने अपना ब्रांड 'जल्दी फिट' लांच किया, जो कि तेजी से फिटनेस उत्पादों व सेवाओं में अपनी जगह बना रहा है।

उन्होंने एक फिटनेस डी.वी.डी, एक जल्दी फिटनेस बुक (व्यस्कों के लिए) व एक जल्दी फिट किड बुक लांच की है जो माता-पिता को बच्चों के स्वस्थ पालन का मार्गदर्शन देती है।

इसके अतिरिक्त वे विविध समाचारपत्रों व पत्रिकाओं में पोषण, व्यायाम तथा दूसरे स्वास्थ्य संबंधी विषयों पर कालम लिखती रहती हैं।

वेलनेस पर अधिक जानकारी पाना चाहे तो उनकी वैबसाइट पर लॉग ऑन करें : www.liveactive.com व www.jaldifit.com

आभार

युवा वर्ग के जीवन को एक नई दिशा देना और फूड एवं फिटनेस पर किशोर अवधारणाओं को फिर से लिखना, एक बहुत बड़ा उत्तरदायित्व था यह पुस्तक अपने - आप में एक चुनौतीपूर्ण परियोजना रही। हालांकि अपने सहज संप्रेषण द्वारा किशोरों से उनकी भाषा में बात करना, उनकी विविध समस्याओं को हल करना, यह एक संतोषप्रद प्रयास रहा।

इस पुस्तक के शीर्षक पर लिखे दो वाक्य उन किशोरों के लिए हैं, जो प्रेरणात्मक फिगर की तलाश में हैं। मैं इस पुस्तक की प्रस्तावना देने के लिए, दीपिका पादुकोण का आभार प्रकट करती हूं।

दीपका ने एक स्पोट्‌र्स चैंपियन व जानी-मानी एक्ट्रेस के रूप में मिसाल कायम करके, अपनी सफलता से देश के किशोर वर्ग को प्रेरित किया है। इस प्रकार उनके द्वारा दिया गया सुझाव व प्रोत्साहन, किशोरों को स्वस्थ व सक्रिय जीवन जीने व फिट रहने की प्रेरणा देगा।

साथ ही मैं सायना नेहवाल के लिए भी आभार प्रकट करती हूं, जिन्होंने पुस्तक के शीर्षक के लिए अपने शब्द दिए। उन्हें अपने अंतर्राष्ट्रीय पुरस्कारों व बेडमिंटन के क्षेत्र में अपार सफलता के कारण स्वयं को एक यूथ आईकन के रूप में प्रतिष्ठित किया है। वे युवा पीढ़ी के लिए एक रोल मॉडल है। खासतौर पर उनके लिए, जो एथलीट व स्पोट्‌र्स में नाम कमाना चाहते हैं।

मैं आशा करती हूं कि मेरे युवा पाठक इस पुस्तक को पढ़ कर उतना ही आनंद पाएंगे, जितना मुझे इसे लिखने में आया।

नमिता जैन

प्रस्तावना

टीनएजर्स के लिए एक ऐसी फन फिटनेस बुक प्रस्तुत है जो आपको बेहतर दिखने व महसूस करने में मदद देगी।

इस किताब में खानपान व व्यायाम से जुड़े ऐसे टिप्स दिए गए हैं जो किसी भी किशोर को अवश्य पढ़ने चाहिए। यह आपको फिट रहने तथा स्वस्थ आदतें विकसित करने में सहायता देगी, जो हमेशा के लिए आपके जीवन का अंग हो जाएगी। एक ऐसी वाऊ बॉडी के लिए (जिसे आप चाह सकें) इस पुस्तक में दिए गए सुझावों का पालन करें।

क्रेजी एकेडेमिक शेड्यूल के बावजूद आप फिट व फैब रह सकते हैं। गो फॉर इट।

दीपका पादुकोण
मुम्बई, 2011

विषय सूची

किशोरों का स्वागत है

आपका गर्मजोशी से स्वागत है। मैं नमिता हूं और अब से, मैं आपकी सबसे बड़ी मित्र व आलोचिका होने का वादा करती हूं। अगर आपकी आयु 13 से 19 वर्ष के बीच है तो पढ़ना जारी रखें, अगर आप यह आयु पार कर चुके हैं, तो माफ करें, यह पुस्तक आपके लिए नहीं है।

जैसा कि मैंने कहा : यह किताब माता-पिता, दादा-दादी या चाचा-चाची के लिए नहीं है। यह आपके लिए लिखी गई है। इस पुस्तक में, मैं आप सबसे प्रत्येक के साथ प्रत्यक्ष रूप से संप्रेषण करूंगी, उन सभी समस्याओं पर चर्चा होगी, जो टीन एज के दौरान आपको झेलनी पड़ रही है।

आप यह भी सोच सकते हैं कि पूरी दुनिया के किशोर वर्ग से एक बार में ही बात कैसे की जा सकती हैं पर यहां मैंने विविध मुद्‌दों पर बात करने की कोशिश की है; जैसे एनोरेक्सिया, सोच-समझ कर खाना व सुरक्षित जिम जाने से ले कर कुत्ते को घुमाने तक जैसी गतिविधि को बेहतर मानना आदि।

आपको सब कुछ जानना चाहिए - उचित खान-पान कैसे हो, पूरी नींद लें, पर्याप्त मात्रा में पानी पीएं, व्यायाम की अति न करें - यहां इनके बारे में विस्तार से जानें। साथ ही आप कुछ ऐसे विषय भी पाएंगे, जिन पर विशेष ध्यान देने की आवश्यकता है। यदि आपका वजन ज्यादा है, तो मेरे पास आपको छरहरा बनाने की योजना है। यदि आप शाकाहारी हैं तो मैं आपको पोषण संबंधी आवश्यकता पूरी करने के लिए कुछ हाई - प्रोटीन विकल्प दे सकती हूं। अगर आप एक खिलाड़ी होने के नाते, स्पोर्ट्स डाइट की तलाश

में हैं, तो वह भी उपलब्ध है। यदि आपको कसरत से नफरत है तो मेरे पास ऐसा विकल्प है कि आप टी.वी. देखते हुए भी सक्रिय रह सकते हैं।

तो व्यावहारिक रूप से, यह पुस्तक आपको रोजमर्रा की दिनचर्या में फिटनेस टिप्स देने जा रही है। हो सकता है कि सुनने में मजेदार न लगे। पर याद रखें कि अगर आप अपनी किशोरावस्था के दौरान स्वस्थ जीवन शैली के लिए काम करते हैं तो आप पूरे जीवन के लिए स्वस्थ आदतें विकसित कर रहे हैं। सबसे अच्छी बात यह है, इन्हें करना इतना मुश्किल भी नहीं है।

मुझे आपको यह बताने की आवश्यकता नहीं कि सेहत अपने साथ क्या बोनस लाती है। हर कोई जानता है कि आप ट्रिम व फिट दिखेंगे, त्वचा व बालों में चमक आएगी व आंखें भी चमकदार दिखेंगी। यहां तक कि जीवनशैली के छोटे-छोटे बदलाव भी आपकी छवि में बड़े परिवर्तन ला सकते हैं।

बस अपने शरीर की देखरेख करें व किशोर वर्षों से अधिकतम लाभ कमाने के लिए सकारात्मक मानसिक दृष्टिकोण बनाए रखें। आप अपने जीवन के सबसे रोचक उत्तेजक चरण को जी रहे हैं। जहां आप एक नया शरीर पाएंगे, नई भावनाओं का अनुभव करेंगे व नए संबंध विकसित करेंगे। इन जादुई वर्षों का पूरा लाभ पाएं, जो आपकी कल्पना से भी, कहीं अधिक गति से छूमंतर हो जाते हैं।

आपका बदलता शरीर

सवाल, सवाल, सवाल, जी यह जीवन की वह आयु है जब जीवन स्वयं ही एक बड़ा प्रश्न-चिह्न बन जाता है और प्राय: उसके पास जवाब नहीं होते। हो सकता है कि व्यस्क, आपके शरीर में हो रहे परिवर्तनों के बारे में, पूछे गए सवालों को 'अभी नहीं, बाद में' या सीधा जवाब दिए बिना यूं ही टाल दें। इसे निजी रूप से न लें। हो सकता है कि माता-पिता प्यूबर्टी के दौरान आपके शरीर में आने वाले फिजीकल व सैक्सुअल बदलावों के बारे में चर्चा करना, अटपटा महसूस कर रहे हों।

मुझे पूरा यकीन है कि आप इस बारे में मित्रों से जानकारी चाहेंगे या नेट पर सर्च करेंगे। इसमें कोई संदेह नहीं कि बॉयोलॉजी क्लास, बढ़ते शरीर के बारे में काफी कुछ सिखा देगी पर लड़कियों, अगर आपको मुहांसे की समस्या है या लड़के अपने गले के फटते सुर से शर्मिंदा हैं तो, इसकी चर्चा बायो टीचर से तो नहीं हो सकती। यह पुस्तक जानकारी की उसी कमी को पूरा करती है व आपके भीतर से पनप रहे उस नए 'यू' का सामना करने में मदद करती है।

इस दौरान आपके शरीर में हारमोनल बदलाव आते हैं। इस साल की उम्र से बीस साल की उम्र तक शरीर में काफी बदलाव आएंगे। लड़कियों में मासिक धर्म की शुरुआत से संकेत मिल जाता है कि बदलाव आएंगे लड़कों के लिए कोई विशेष घटना नहीं होती, उनके ये बदलाव धीरे-धीरे सामने आते जाते हैं।

लैब रिपोर्ट

मस्तिष्क में एक पियूष ग्रंथि (पिट्यूटरी ग्लैंड्स) होती है जो फॉलीकिल स्टिमुलेटिंग हारमोन (FSM) व ल्यूटिनजिंग नामक हारमोन का अधिक मात्र में स्राव करने लगती है। लड़कियों में ये हारमोन ओवरीज़ को सक्रिय करते हैं ताकि एस्ट्रोजन बन सके। लड़कों में वे पुरुष हारमोन टेस्टॉसटेरान बनाते हैं, जिससे स्पर्म का निर्माण होता है।

शरीर में हारमोनों का यह विस्फोट आपकी छवि को भी प्रभावित करता है। आपका शरीर भरने लगता है। लड़कियों के अंगों में कर्व्स उभर आते हैं। लड़कों के मसल बन जाते हैं, चेहरे पर बाल उगते हैं, कंधे चौड़े हो जाते हैं। आपको शीशा देखने पर, सामने खड़ा इंसान अजनबी लगने लगता है।

भीतरी बदलाव तो और भी जबरदस्त होते हैं। एक साल पहले तक, आप जिस आकर्षक क्लासमेट पर ध्यान नहीं देते थे। अब उस पर ध्यान जाने लगता है।

टीन वर्ष, सोचने का तरीका भी बदल देते हैं। आप दीर्घकालीन लक्ष्यों के बारे में सोचेंगे व अजीब-अजीब बातें मन में आएंगी, दर्शन व काव्य शास्त्र में रूचि जागृत होगी। व्यावहारिक तौर पर आप स्वतंत्र रूप से सोचना सीखेंगे, जो कि आपके माता-पिता के लिए चिंता का विषय हो सकता है क्योंकि आप हर विषय पर अपने विचार रखने के लिए विवश होंगे।

हालांकि उलझन भरे दौर भी आ सकते हैं। आप अब न तो बच्चे हैं और न ही व्यस्क। यह प्रवास काफी कष्टकारी हो सकता है। कुछ लोग इसे आसानी से पार कर लेते हैं तो कुछ को कठिनाई होती है। बेहतर होगा कि आप माता-पिता का सहयोग व मार्गदर्शन लें, दिशाहीन व अवसार ग्रस्त हो कर भटकने की बजाए किसी करीबी दोस्त की मदद लें।

जी हां, शरीर में हारमोनों का यह जोर कभी-कभी डिप्रेशन का कारण भी बन सकता है पर यह भी याद रखें कि यही आपके जीवन का सबसे रोचक व गहन समय भी है। आप पूरे जुनून के साथ जीएंगे व सब कुछ संभव जान पड़ेगा। और सच में ऐसा होता भी है।

यह पुस्तक आपके लिए फिट व हैल्दी रहने का वन-स्टॉप स्त्रोत है ताकि

आप हमेशा सुपर हॉट दिख सकें। नेट पर आधी-अधूरी जानकारी पाने या माता-पिता व साथियों से अधूरे जवाब पाने की बजाए इस पुस्तक की मदद लें। यहां आपके लिए बेहतर दिखने व महसूस करने के 51 उपाय दिए जा रहे हैं। यह पुस्तक एक फिटनेस व फूड रूटीन प्रस्तुत करती है। जो कि आपके बदलते शरीर के बिल्कुल अनुरूप है। यह आपको इस आयु में आने वाली चुनौतियों का सामना करने के साथ-साथ आगे आने वाली व्यस्कावस्था के लिए भी तैयार करती है।

अब समय आ गया है कि आप सोच-समझ कर सही कदम उठाएं। आज जो आनंद व उत्तेजना महसूस करेंगे, जिस स्वस्थ जीवन शैली को अपनाएंगे, वह एक व्यक्ति के रूप में आपके चेहरे व शेप से झलकेगी।

तो फिर इंतजार किस बात का है? ऑन योर मार्क्स, गेट सेट....गो।

1

आलस्य छोड़ें

पूरी ईमानदारी से बताएं? आप प्राय: कितनी बार कम्प्यूटर पर बैठ कर गेम्स खेलते हैं या नेट सर्फिंग करते रहते हैं? आप कितने घंटे तक टी.वी. स्क्रीन से चिपके रहते हैं? आप खाना खाने के लिए डाईनिंग टेबल पर बैठते हैं, स्टडी टेबल पर बैठ कर होमवर्क करते हैं, या हाथ में फोन लिए बिस्तर पर पसरे रहते हैं। वैसे मैं आपको बता नहीं सकती कि यह आरामदायक जीवन शैली आपकी लुक्स को कितना नुकसान पहुंचा सकती है।

मुझे पूरा भरोसा है, आप भी जानते ही होंगे कि यूं ही बैठे रहने से आप शेप में नहीं बने रह सकते। आपको अपने लिए कोई न कोई व्यायाम तो चुनना ही होगा ताकि आप फिट दिख सकें। रिसर्च से पता चला है कि व्यायाम न करने वाले किशोर व किशोरियां भावात्मक व व्यवहारगत समस्याओं से अधिक

ग्रस्त होते हैं। मानें न मानें, ऐसे किशोरों का रक्तचाप भी अधिक रहता है। अगर आप सोचते हैं कि, ऐसे रोग केवल बुढ़ापे में ही आते हैं तो आपको नए सिरे से सोचना चाहिए।

लैब रिपोर्ट

रिसर्च स्टडी लीडर निकोलस स्टैटलर, एम.डी., एम एस सी ई, फिलाडेल्फिया के द चिल्ड्रेन अस्पताल में बाल रोग पोषण विशेषज्ञ हैं। उन्होंने एक अध्ययन किया जो कि टी.वी. देखने वालों एवं किशोरों में उच्च रक्तचाप के स्वतंत्र व प्रत्यक्ष संबंध को दर्शाता था। शोधकर्ता ने पाया कि 12 से 15 वर्ष के आयु वर्ग में घंटों, टी.वी. देखने वाले किशोर-किशोरियों में रक्तचाप का स्तर अधिक था। यह जाना-माना तथ्य है कि उच्च रक्तचाप का आगामी समय में हृदय रोग से गहरा संबंध है।

काउच से उठें

जी हां, अब काउच से उठ कर फिटनेस रूटीन अपनाने का वक्त आ गया है। अगर 100 बार रस्सी कूदने या 25 पुशअप्स के नाम से ही आपको पसीना आता है, तो रिलैक्स! याद रखें कि एक फिटनेस रूटीन हमेशा आनंददायक होना चाहिए। यह ऐसा हो कि आपके काम आ सके। अगर आप इसे लेकर तनावग्रस्त रहे तो यह किसी काम नहीं आने वाला। ऐसा एक्सरसाइज प्रोग्राम चुनें, जिसे आप रोज़मर्रा की जीवनशैली में अपना कर पूरा आनंद भी पा सकें।

सबसे अच्छी बात यह है कि आपको एक साथ सारा व्यायाम नहीं करना। 30 मिनट के वर्कआउट सत्र को 10-10 मिनट के 3 टुकड़ों में बांटें। जो कि सुबह, दोपहर व शाम को हो सकते हैं। आप टी.वी. फिल्म, मैच या रिएलिटी शो देखते हुए भी इसे कर सकते हैं। कोई मनपसंद संगीत लगा कर लय के साथ झूमें-नाचें। यदि नाचना पसंद है तो यह बोनस हो जाएगा। अगर कोई डांस पार्टनर भी मिल जाए तो क्या कहने।

खूबसूरत लोगों को भी व्यायाम की आवश्यकता होती है : मैं कहना चाहती हूं कि जो भी व्यायाम का रूप चुनें, उसे सक्रियता से निभाएं। चहल कदमी एक अच्छा व्यायाम है तो क्यों न चलते-चलते फोन पर बातें हो जाएं। साथ-साथ घर का काम निबटा सकते हैं। घर साफ करें, सीढ़ियां चढ़ें, कुत्ते को घुमाने ले जाएं, अपनी इच्छा से कुछ समाजसेवी कार्यों में

सहयोग दें। जरा सा भी शारीरिक व्यायाम व गतिविधि फिट रहने व सेहत बनाए रखने में मददगार होंगे।

मैं सलाह दूंगी कि आंखे मूंद कर 5 मिनट तक चुपचाप बैठें। सोचें कि आप व्यायाम क्यों करना चाहते हैं तथा क्या पाने की उम्मीद रखते हैं। फिर कुछ ऐसी शारीरिक गतिविधियों की सूची बनाएं, जो आपके लिए आनंददायक हो सकती हैं। याद रखें कि व्यायाम से किसी दूसरे को नहीं बल्कि आपको ही लाभ होगा व कोई दूसरा, आपका यह काम नहीं कर सकता।

यहां कुछ प्रेरक व मजेदार वाक्य दिए जा रहे हैं, ताकि आपके ऊर्जा के स्तर में वृद्धि हो सके। एक बार आपने शुरुआत कर दी तो ये वाक्य आपको सकारात्मक मानसिकता की लगातार याद दिलाते रहेंगे।

जब दुनियां कहती है कि छोड़ दो। तो आशा धीरे से फुसफुसाती है : 'एक बार और कोशिश करो।'

–अज्ञात

धैर्य व दुराग्रह में एक ही अंतर है, एक दृढ़ संकल्प से पैदा होता है दूसरा दृढ़ नकार से –

– हैनरी वार्ड वीचर

आपके लिए

सकारात्मक रवैया अपनाएं। छोटी-छोटी बाधाओं को फिटनेस लक्ष्य के आड़े न आने दें। अपने व्यायाम रूटीन पर दृढ़ रहें, चाहे कुछ भी हो जाए।

छोटे कामों में भी श्रेष्ठ प्रदर्शन से न चूकें। हर बार की छोटी जीत भी मजबूती देगी। छोटे-छोटे काम अच्छे तरीके से करेंगे तो बड़े काम स्वयं ही संभल जाएंगे।

-डेल कारनेगी

कोई भी पर्वतों से नहीं उलझता। एक छोटा कंकड़ ही आपको लड़खड़ा देता है। रास्ते के कंकड़ लांघ लें, आप पाएंगे कि आपने पर्वत लांघ लिया।

–अज्ञात

आपके लिए

याद रखें कि आपके द्वारा किए गए छोटे बदलाव ही बड़ा अंतर लाते हैं। रोज़ की चहलकदमी के 15 फालतू मिनट से आप हर सप्ताह दो घंटे का अतिरिक्त व्यायाम पा सकते हैं।

जब भी रस्सी के छोर पर आएं तो गांठ लगाएं व लटकें।

-फ्रैंकलिन रूज़वेल्ट

यह बड़ा ओक वृक्ष भी कभी छोटा सा नट् था, जो इसका अधार है।

–अज्ञात

आपके लिए

यह न कहें कि 'आई विश'। कहें कि 'आई इंटेंड' फिर जो भी हो जाए, डटे रहें व हिम्मत न हारें।' इससे सफलता पाने के अवसर बढ़ जाएंगे।

2

अपने फिटनेस स्तर की रेटिंग तय करें

आपने स्वयं से कितनी बार पूछा, क्या मैं फिट हूं?

फिटनेस का स्व मूल्यांकन थोड़ा मुश्किल होता है क्योंकि आप कभी नहीं जानते कि आप कैसे दिखना चाहते हैं। क्या आपको पता है कि एक 'स्लिम' लड़की भी रोगी या अस्वस्थ हो सकती है। इसी तरह एक लंबा-चौड़ा लड़का फिट हो सकता है। तो इसका मापदंड क्या हो? आईए, ज़रा फिटनेस के मतलब को जाने :

पूरी लंबाई वाले दर्पण के सामने खड़े होकर अपने आप पर भरपूर नजर डालें। क्या आप नीचे की ओर झुके किशोर हैं? जिसे सीधा तन कर खड़ा होने की आवश्यकता है। क्या पेट पर फालतू चर्बी है? मुस्कुराएं, क्या चेहरे पर चमक है? क्या दांत साफ है?

याद रखें कि आईना बहुत कुछ कहता है। अक्सर, यह आसपास के लोगों की राय से भी ज्यादा सही होता है इसलिए इस पर ध्यान दें।

फिटनेस प्रश्नावली बताएगी कि आप इस समय कहां हैं। पर जैसे कि आप भी जानते हैं कि आपकी फिटनेस का स्तर, बदलते हालात के हिसाब से बदल सकता है, जैसे आप पेपरों के दौरान जॉग या वॉकिंग न कर सकें।

अपने स्कोर का मूल्यांकन करें व अपनी रोज़मर्रा की आदतों में बदलाव लाएं। जितना जल्दी संभव हो सके, आरंभ करें। लक्ष्य तक पहुंचते ही, आप जान जाएंगे.....

शरीर ही आपको बता देगा :

'हां या नहीं' में उत्तर दें

1. क्या आप व्यायाम को जीवन का अभिन्न अंग मानते हैं?
2. क्या आप ऐसे व्यायाम प्रोग्राम अपनाते हैं, जिन्हें लागू किया जा सके?
3. क्या आप वर्तमान में कोई व्यायाम कर रहे हैं?
4. क्या आपको वर्कआउट में आनंद आता है?
5. क्या आप जानते हैं कि आपको अपने एक्सरसाइज प्रोग्राम से क्या चाहिए?
6. क्या आपको लगता है कि यह प्रोग्राम आपको आत्मविश्वास से भरपूर कर सकता है?
7. क्या आप वर्क-आउट के समय उचित व्यायाम तकनीकों पर ध्यान देते हैं?
8. क्या व्यायाम से तनाव घटता है तथा मूड में सुधार होता है?
9. क्या व्यायाम से आपकी उर्जा का स्तर बढ़ता है?
10. क्या आप उचित शेप में हैं?

अगर आपने सात से अधिक प्रश्नों के 'हां' में उत्तर दिए हैं तो आप सही पटरी पर हैं। यदि नहीं तो थोड़ी मेहनत करनी होगी। वैसे मायूस न हों, पक्के नतीजों के लिए इस पुस्तक के हिसाब से चलें।

हिम्मत न हारें !

किसी भी व्यायाम कार्यक्रम में प्रेरणा का होना आवश्यक है वरना आप इसे बीच में ही छोड़ सकते हैं। एक दिन का नागा, सप्ताह के नागे में बदल सकता है। फिर एक महीने के नागे में आप पूरी तरह से इसे छोड़ सकते हैं।

3

फैट से करें मुकाबला

फैट से लड़ाई कैसे जीतें?

रीटा व तृषा एक-दूसरे को नर्सरी क्लास से जानती हैं। वे पक्की सहेलियां हैं। जन्म दिन की तारीखों में एक दिन का फर्क होने के कारण ही वे मिल कर बड़ी धूम से अपने जन्मदिन मनाती हैं। यह कहानी उनके चौदहवें जन्मदिन की दावत की है।

उन दोनों ने स्पेशल ट्रीट के लिए ब्रंच पर जाने का फैसला किया। उनकी मम्मियों ने उड़ाने के लिए पैसे भी दे दिए। दोनों लड़कियाँ काफी उत्साहित थीं। तृषा ने प्लेट में मनपसंद चीज, तरीदार व्यंजन व बटर नान भर लिए। उसने सलाद पर नाक सिकोड़ा व वैज रायते को बोरिंग घोषित कर दिया।

रीटा ने मेन्यू पर पूरी नजर मारने के बाद मनचाहे खाने से प्लेट नहीं भरी। उसका मानना था कि :- 'बेशक खाने को हजारों डिश हैं पर मेरा पेट तो एक ही है।' उसे पनीर पसंद था, इसलिए उसने तंदूरी पनीर मंगाया। पालक-आलू, मिक्स वैज करी, तंदूरी रोटी, थोड़ा सलाद व दाल मंगाई। उसने मीठे के लिए भी कुछ जगह बचा ली।

तृषा तो आधा खाना खाते ही, पेट भरा-भरा महसूस करने लगी पर स्वाद के चक्कर में खाती गई। फिर उसने मीठा भी लिया और आखिर में हालत यह हो गई कि वह हिल भी नहीं पा रही थी। रीटा ने उसे कहा कि अगर ऐसी लापरवाह रही तो वह रोली-पोली हो जाएगी। एक-दूसरे को तोहफे देने के

बाद, उन्होंने अपने घर की राह ली।

जन्मदिन की परंपरा जारी रही। तीन साल बाद, जब वे 17 साल की हुई तो दोनों ने कुछ दोस्तों के साथ डांस के लिए जाने का फैसला किया पर तृषा काफी मोटी हो चुकी थी। वह कपड़ों में 'आलू का बोरा' दिखती थी। रीटा ने मदद का वादा किया तो तृषा ने तय किया कि वह भी डाइट में बदलाव ला कर वजन घटाएगी।

रीटा ने उसे सप्ताह में पांच दिन व्यायाम करने की भी प्रेरणा दी।

माने न माने, रीटा की मदद से तृषा अपना वजन घटाने में कामयाब रही।

हम कहना चाहते हैं कि किशोरावस्था में ध्यान न दिया तो आप भी फालतू वजन के शिकार हो सकते है।, जिससे पीछा छुड़ाना मुश्किल होता है। इतने भार को साथ ले कर घूमना मजाक नहीं होता इसलिए अभी से संभल जाएं।

कोई भी किशोर मोटा होना पसंद नहीं करता। कल्पना करें कि आप केवल मोटे होने की वजह से ही अपनी जींस में नहीं समा रहे या लोगों से घुल-मिल नहीं पा रहे। यदि आपका वजन ज्यादा है या ज्यादा होने की संभावना है तो किशोरावस्था में ही संभल जाएं। खुशखबरी यह है कि इस समय आपका मेटाबॉलिज़्म फालतू किलो घटाने में सहायक हो सकता है।

याद रखें कि कुछ लोगों का वजन, दूसरों के मुकाबले जल्दी घटता है इसलिए किसी मित्र से अपनी तुलना न करें। बस वही व्यायाम व रूटीन अपनाएं जो आपके माफ़िक हो। किसी भी आईसक्रीम संडे में आप सबसे मोटी चीज़ जो डाल सकते हैं, वह है एक चम्मच।

शरीर की वसा घटाने के लिए कैलोरी की मात्रा घटानी होगी। सप्ताह में आधा किलो तक वजन घटाना सुरक्षित होगा। इसके लिए प्रतिदिन 500 कैलोरी की मात्रा घटानी होगी। इस तरह एक सप्ताह में 3500 कैलोरी घटेगी। कैलोरी की कम मात्रा ग्रहण करें तथा ली गई कैलोरी को व्यायाम द्वारा खर्च करें।

यदि आप 250 कैलोरी का चॉकलेट बार नहीं लेती व 5 कि.मी. भाग कर 250 कैलोरी खर्च करती हैं तो आपने 500 कैलोरी कम ली है। ऐसा रोज करें तो सप्ताह में लक्ष्य पूरा होगा।

लैब रिपोर्ट

3500 कैलोरी व्यय - 1/2 किलो (अनुमानतः)

7,000 कैलोरी व्यय - 1 किलो (अनुमानतः)

(7 दिन 1000 कैलोरी प्रतिदिन व्यय)

इस तरह सात दिन में 1/2 से 1 किलो वजन घटेगा। इसे बरकरार रख सकें तो एक माह में इसे 4 किलो तक वजन घट सकता है।

आहार + व्यायाम वजन घटाने का आदर्श तरीका है। व्यायाम जरूरी है क्योंकि इससे शरीर की वसा घटती है तथा कैलोरी व्यय होती है। एक कार्डियोवास्कुलर वर्क आउट के बाद आपकी मेटाबॉलिक दर, 6 से 7 घंटे के लिए 25 प्रतिशत तक बढ़ सकती है।

आपको वसा घटाने के लिए 30 से 60 मिनट तक की कार्डियोवास्कुलर गतिविधि की आवश्यकता होगी। चहलकदमी, तैराकी या साइकलिंग कार्डियो एक्सरसाइज के उदाहरण है। इसके साथ ही लिए गए भोजन व वसा की मात्रा भी घटानी होगी। अंततः एक निरंतर चलने वाले रूटीन यानी सोच समझ कर लिए गए आहार व किए गए व्यायाम से ही दीर्घकालीन वजन नियंत्रण संभव हो सकता है।

आहार, जीवन का भार.....

कैलोरी पर नज़र कैसे रखें?

1. मूवीज़ के दौरान पॉपकार्न न लें।
2. बड़ा पिज्जा तीन दोस्तों में बांटें।
3. याद रखें कि ओरियो कुकीज़ छोटे बच्चों के लिए होते हैं।
4. एक बार में एक ही काजू खाएं।
5. पुस्तक पढ़ते समय दोनों हाथों से पकड़ें।
6. बासी आलू चिप्स फेंक दें।
7. टी.वी. वाले कमरे में पूरा कुकीज़ बॉक्स लाने की बजाए चार कुकीज लाएं।

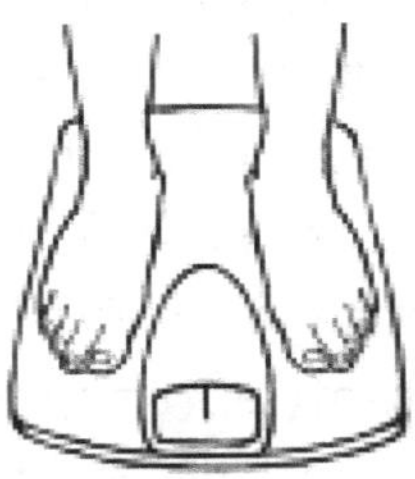

8. एक पौंड वजन घटने का मतलब यह नहीं कि आप हर बार हॉट फज संडे की दावत करें।
9. बुफे में सारे सलाद लें व केवल मीठे की जगह छोड़ें।
10. डेस्क पर पड़ी कैंडी डिश को 'पोस्ट' इट से भरें।

4

गर्व के साथ स्वीकार करें

क्या डाइट सप्लीमेंट या एक्सरसाइज आपको लंबा कर सकते हैं?

नर्सरी से लेकर बड़ी क्लास तक, बच्चों को लंबाई के हिसाब से लाइन में खड़ा होने को कहा जाता है। 'सबसे छोटा आगे', टीचर चिल्लाती है। अगर आप भी उनमें से हैं जो हमेशा लाइन के पहले दस बच्चों में होते हैं तो मेरी संवेदना ग्रहण करें।

मैं भी उनमें से एक थी, इसलिए हमेशा तन कर खड़ी होती ताकि लाइन में चौथी की बजाए पांचवी जगह खड़ी हो सकूं - यह तरीका अक्सर कारगार होता।

कई साल बाद मुझे एहसास हुआ कि लंबी लड़कियाँ भी इसी तरह अपने आप को लेकर सतर्क रहती हैं।

मेरी लंबी सहेलियों का कहना था कि वे अक्सर आगे वाले व्यक्ति के पीछे झुकती ताकि दिखाई न दें।

असल बात तो यह है कि लंबाई पर आपका बस नहीं है पर मैं कहना चाहूंगी कि चाहे कद लंबा हो या छोटा, उसे पूरे गर्व के साथ स्वीकारें।

मानती हूं कि अपने सामने क्लास के बाकी बच्चों को तेजी से विकसित

व लंबा होता देखना आसान नहीं होता, यह कुंठित कर सकता है पर आप हिम्मत न हारें।

आपका कद, माता–पिता के कद पर निर्भर करता है। इसमें आपका आहार व खड़े होने का तारीका भी शामिल है। बेशक आप अपनी डाइट व खड़े होने का तरीका में बदलाव लाकर, कुछ बेहतरी की उम्मीद रख सकते हैं।

आपको अपने ढांचे की वजह से ही लंबाई मिलती है। अगर शरीर में प्रोटीन, कैल्शियम व विटामिन डी आदि की कमी होगी तो वह शरीर के बाकी अंगों से इनकी पूर्ति करने लगेगा, जिसमें हड्डियां भी शामिल हैं। इससे बोन मास कमजोर पड़ सकता है।

कैल्शियम : आपकी हड्डियों का सिक्योरिटी डिपॉजिट

क्या आप जानते हैं कि बोन मास की सबसे अधिक मात्रा किशोरावस्था में प्राप्त होती है। मानव शरीर में किसी भी अन्य खनिज लवण की तुलना में कैल्शियम की अधिक मात्रा पाई जाती है। आपको किशोरावस्था में बोन मास स्तर के शिखर तक ले जाने के लिए सबसे अधिक कैल्शियम चाहिए। क्योंकि बीस वर्ष की आयु के बाद हड्डियों की गहनता घटने लगेगी। अगर आप पहले से ही कैल्शियम को टॉप–अप रखेंगे तो आने वाले सालों में भी हड्डियों की मजबूती बनी रहेगी।

अठारह वर्ष की आयु तक 92 प्रतिशत बोन मास का निर्माण हो जाता है। एरिएटिड या कैफीनयुक्त पेय पदार्थ लेने वाले किशोरों को कैल्शियम की अधिक मात्र नहीं मिलती क्योंकि ये पदार्थ शरीर में कैल्शियम का अवशोषण नहीं होने देते। दूध व दूसरे डेयरी उत्पादों में कैल्शियम की अधिक मात्र पाई जाती है।

विटामिन - डी : सनशाइन विटामिन

इसे सनशाइन विटामिन भी कहते हैं क्योंकि जब सूर्य का प्रकाश त्वचा को छूता है तो यह विटामिन बनता है। सुबह–सुबह सूर्य का प्रकाश, आपको विटामिन

डी की भरपूर मात्रा देता है जो शरीर में कैल्शियम के अवशोषण के लिए अनिवार्य है। विटामिन डी के अभाव से हड्डियों का विकास रूक सकता है। दूध, अंडे की जर्दी, ट्यूना व सालमन में विटामिन डी पाया जाता है।

तथ्य

प्र. क्या सप्लीमेंट मुझे लंबा कर सकते हैं।

–सौरभ, 13

उ. अभी तक कद लंबा करने का कोई प्रमाणिक फार्मूला नहीं बना। बेशक कुछ हर्बल सप्लीमेंट हैं जो कद बढ़ाने का दावा करते हैं पर उनके बारे में कोई क्लीनिकल प्रमाण नहीं मिले। यहां तक कि बोन डेनसिटी बढ़ाने वाले कैल्शियम सप्लीमेंट भी कद लंबा करने में सहायक नहीं हो पाते। (हां, चूंकि कैल्शियम बोन मास की रक्षा करता है इसलिए वृद्धावस्था में यह लंबाई को बरकरार रखने में सहायक होगा।)

यदि सप्लीमेंट्स को एक ओर रखें तो संतुलित आहार कद लंबा करने में सहायक हो सकता है। यदि आप लिए जा रहे पोषण के बारे में आश्वस्त न हों तो अपने डॉक्टर की राय लें। तब डॉक्टर की जरूरत होने पर, आपको अतिरिक्त सप्लीमेंट लेने की सलाह दे सकते हैं।

प्र. मैं सोलह साल का हूं पर बढ़ने की सारी उम्र के दौरान मुझे 'शॉर्टी' कहा जाता था। एक लड़का होने की वजह से, काफी शर्मिन्दगी उठानी पड़ती है, जब लड़कियां आपसे लंबी होती है, फिर वे हील पहन कर बात को और भी बिगाड़ देती हैं। खैर, मुझे लगा कि कसरत से फायदा होगा। हर तरह के स्ट्रैच किए, मंकी बार्स से लटका, यहां तक कि बॉस्केट बॉल भी खेलने लगा पर बताना ही पड़ेगा कि कोई फायदा नहीं हुआ। यह सही नहीं है, मेरी हड्डियों की मजबूती बढ़ी व पीठ को भी ताकत मिली पर कद नहीं बढ़ा। स्ट्रेच ने सिखाया कि झुकने की बजाए हमेशा तन कर खड़ा होना है - तो इस तरह सीधा खड़ा होकर दो इंच बढ़ा पाया।

मेरे माता-पिता दोनों ही छोटे कद के हैं अतः शायद मैं कभी लंबा कद नहीं पा सकता पर अभी मेरे विकास के एक दो वर्ष बाकी हैं और मेरी एक आंटी काफी लंबी है, तो क्या कोई उम्मीद रखूं?

मणिरत्नम - ए के ए शार्टी, 16

– सबसे ज्यादा वृद्धि तब हुई होगी, जब आप शिशु थे। जीवन के पहले वर्ष में आप 10 इंच तक बढ़े, पहले से बड़े व मजबूत बने।

इसके बाद आप प्यूवर्टी के दौरान 25 सें.मी. तक बढ़े। लड़कियों में ग्यारह व लड़कों में तेरह साल की उम्र तक तेज गति से शारीरिक विकास आरंभ होता है।

लड़कियों में बारह से सोलह वर्ष तक विकास होता है, जिसकी औसत वृद्धि दर 3.5'' प्रतिवर्ष होती है। यह सोलह साल की उम्र के बाद घटने लगता है।

लड़कों में यह आयु चौदह से अठारह साल है इसलिए आपके पास अभी दो साल और हैं। इस अवधि के दौरान औसत वृद्धि तकरीबन 4'' प्रतिवर्ष होती हैं अठारह की आयु तक आते-आते सभी लड़के अपना व्यस्क कद पा लते हैं।

लैब रिपोर्ट

तरुणायी के दौरान सबसे पहले हाथों तथा पैरों में वृद्धि होती है। इसका सबसे आसान प्रमाण किशोरों के जूतों के बदलते नंबर से लगता है। इसके बाद बाजू व टांगे लंबी होती है। वृद्धि के आखिरी चरण में धड़ लंबा होता है।

5

तीन तरह की बॉडी

आदमकद शीशे के आगे खड़े होकर स्वयं को अच्छी तरह देखें। आपको पतली कमर व उभरे नितंब (लड़कियों में अधिकतर होते हैं) हो सकते हैं। या आप छाती व कंधों के आस पास से भारी हो सकते हैं या संकुचित नितंब हो सकते हैं (लड़कों में अधिकतर होते हैं) आप में से कुछ भारी तो कुछ छरहरे हो सकते हैं।

आपके शरीर का प्रकार चाहे जो भी हो, यह याद रखें कि बेसिक शेप जेनेटिक रूप से, पहले से ही तय होती है। आप पतले हो सकते हैं, वजन बढ़ा सकते हैं या फिर मसल्स बना सकते हैं पर शरीर का बुनियादी ढांचा व गठन नहीं बदल सकते। लक्ष्य तय करते समय, इसे हमेशा दिमाग में रखें।

शरीर के विविध प्रकार

एडोमोर्फ

एडोमोर्फ देखने में कर्वी होता है। यह हल्का सा भारी होता है। इसमें वजन घटाने के लिए संघर्ष करना पड़ता है। फालतू वसा घटाने व शेप में रहने के लिए भी मेहनत करनी पड़ती है।

मीसोमोर्फ

इस टाइप को मस्क्युलर भी कह सकते हैं। इसमें शरीर के उपरी हिस्से की मांसपेशियां काफी मजबूत होती हैं। प्रायः ऐसी टाइप में वजन घटाने या बढ़ाने में दिक्कत नहीं होती। मसल मास भी आसानी से बनता है।

एक्टोमोर्फ

यह छरहरा या 'स्लिम' प्रकार है। इसमें वजन बढ़ाने में कठिनाई होती है। मसल्स मास व डेफीनेशन बनाने के लिए कड़ी मेहनत करनी पड़ती है। वैसे यह भी हो सकता है कि आपका शरीर दो टाइप का मेल हो। अपने प्लस व माइनस दोनों तरह के बिंदुओं को ध्यान में रख कर चलें। हर कोई फिल्मी सितारा या खिलाड़ी नहीं हो सकता पर आप अपने जेनेटिक ढांचे के साथ ही ऐसा शरीर पा सकते हैं जो आकर्षक, फिट व स्वस्थ हो।

6

क्या आपका वजन कम है?

मुझे पता है कि अनेक किशोर इस बात को ले कर रोते-झींकते रहते हैं कि उनका वजन कम होता है। सभी लड़कियाँ अपने शरीर में मोहक उतार-चढ़ाव चाहती हैं और लड़कों को डोले बनाने का चाव होता है...पर आप लोग कुछ भी करें, कोई नतीजा ही नहीं निकल पाता। घबराएं नहीं, मैं आपको तसल्ली देना चाहती हूं कि जीवन के इस दौर में अधिकतर किशोर-किशोरियों का वजन कम ही होता है क्योंकि इस समय आपकी वृद्धि वर्टिकल होती है।

अगर आपका मेटाबॉलिक रेट ज्यादा है तो शरीर उर्जा पाने के लिए अधिक ईंधन व्यय करेगा। शरीर को ईंधन मुक्त रखने के लिए आपको अधिक भोजन की आवश्यकता है।

यह तथ्य भी ध्यान में रखें कि अगर आपके परिवार में सभी दुबले-पतले हैं तो आप भी ऐसे ही हो सकते हैं। वैसे भी हर टीन की विकास दर अलग ही होती है। हो सकता है कि आप पहले ही विकसित हो जाएं या फिर इस प्रक्रिया में समय भी लग सकता है।

आपको प्यूबर्टी के बाद पूरी तरह से विकसित होने, वजन व मसल मास बढ़ाने में चार वर्ष लग सकते हैं।

लैब रिपोर्ट

तरुणायी (प्यूबर्टी) लड़कियों में ग्यारह तथा लड़कों में तेरह वर्ष की आयु से आरंभ हो जाती है, लेकिन कुछ लड़कों में यह देर से प्रारंभ हो सकती है। इसमें चिंता की कोई बात नहीं है। यदि आप इस बारे में चिंतित हों तो डॉक्टर की राय लेने में संकोच न करें।

तथ्य

प्र. मेरे सभी दोस्त अच्छे डील-डौल वाले हैं। एक मैं ही दुबला-पतला दिखता हूं। यही मेरी चिंता का कारण है।

राकेश - 17

उ. आपकी तरह कई किशोरों को वजन बढ़ाने में कठिनाई आती है। इसका हल यह नहीं कि आप फास्ट फूड प्वाइंट में मेगा-मील्स या हाई-फैट फूड खाने लगें। इससे शरीर की वसा ही बढ़ेगी व सेहत संबंधी परेशानियां खड़ी हो जाएंगी।

स्वस्थ खानपान पर केंद्रित हों, नियमित व्यायाम से शरीर को मजबूती दें। यदि आपने भरपूर मात्रा में कैलोरी न ली तो मसल्स नहीं बनेंगे या हाइपरट्राफी नहीं होगी।

होलसम फूड से हैल्दी एडल्ट बनें

- **होल फैट डेयरी उत्पाद लें, जैसे** - होल मिल्क, पनीर, चीज़ व दही।
- एक्स्ट्रा लें : दूध में पिसे बदाम व पिघली चॉकलेट मिलाएं। दही में ग्रेनोला या मेवे मिला कर लें। सलाद में काजू या मूंगफली जैसे नट्स भी मिला कर खा सकते हैं।
- **भोजन की मात्रा बढ़ाएं :** किसी एक मील से शुरुआत करें व धीरे-धीरे भोजन की मात्रा बढ़ाएं। उसे नाश्ते में कोई एक खाद्य पदार्थ शामिल करें - दूध व सीरीयल के साथ कोई फल लें। फिर ब्रेकफॉस्ट सीरीयल की मात्रा बढ़ा दें। जब भारी नाश्ते की आदत हो जाए तो लंच व डिनर पर ध्यान दें।
- **पोषक पदार्थों पर ध्यान दें :** यदि भूख ज्यादा नहीं लगती तो आपको

विशेष रूप से पोषण की मात्रा पर ध्यान देना होगा। आप चाहें तो खजूर, नट वार, तिल, शक्कर, लड्डू या मेवे खा सकते हैं।

- **तरल सप्लीमेंट लें :** यदि भोजन ज्यादा न लें सकें तो तरल पदार्थ लें। होल मिल्क, मिल्क शेक, मसाला मिल्क, लस्सी, मीट व सब्जी वाले सूप ले सकते हैं। यहां तो विभिन्न प्रयोग करने की आजादी है।

व्यायाम के दृष्टिकोण से

यदि स्ट्रैंथ ट्रेनिंग को सुरक्षित रूप से करें तो यह मसल मास को बढ़ाती है। यह प्राय: वेट ट्रेनिंग से संबंध रखती है। ये वेट डंब-बेल्स, बार-बेल्स या मैटल प्लेट के रूप में हो सकते हैं। जिम में रेजिस्टेंस ट्रेनिंग में पुली, केबल्स व दूसरी मशीनों के साथ वर्कआउट शामिल होना चाहिए। बेहतर होगा कि इसे दूसरे रूप में भी आजमाएं। इससे ट्रेनिंग एक्सरसाइज का स्कोप बढ़ेगा व फिटनेस ट्रेनिंग रूटीन में विविधता आएगी।

लड़कियों को भी स्ट्रैंथ ट्रेनिंग से फायदा हो सकता है। उनके लड़कों की तरह डोले भी नहीं बनेंगे। बस ध्यान दें कि आपने किसी सर्टिफाइड ट्रेनर के साथ काम करना है ताकि आप सीख सकें कि खुद को चोट पहुंचाए बिना कसरत कैसे हो।

मुझे कितना वेट बढ़ाने का लक्ष्य रखना चाहिए ?

वैसे तो 1/2 से 1 किग्रा. का साप्ताहिक लक्ष्य सुरक्षित रहेगा। वैसे सभी व्यक्ति प्रति सप्ताह एक सा वजन नहीं बढ़ा पाते। यदि कुल मिला कर पूरे सत्र में ठीक वजन बढ़े तो जान लें कि आप सही पटरी पर है।

प्र. ऐसा नहीं कि मुझे वजन बढ़ाना है, बस लड़की होने के नाते, इतना वजन चाहती हूं कि मेरे भी कर्वस हों। मैं खुद को अनाकर्षक पाती हूं जिससे मेरे आत्मविश्वास को ठेस पहुंचती है।

सौदामिनी, 16

उ. कभी-कभी जीवन ही सौंदर्य प्रतियोगिता लगने लगता है जहां पूरी दुनिया आपको ही परखने निकली है। बेशक शरीर में बदलाव न ला पाना, कुंठा की वजह हो सकता है पर कुछ चीजें होती हैं जो आपके बस में नहीं होती।

वैसे आप एक काम तो कर ही सकती हैं। :

शरीर को स्वस्थ बनाए रखने के लिए मेहनत करें, ताकि आप इसे प्यार कर सकें। यही तो स्वाभिमान है। एक बार यदि अपने उपर भरोसा आ गया

तो आप सकारात्मक रवैए के साथ बढ़ेगी व यही रवैया आपको बेहतर दिखने व महसूस करने में मदद करेगा।

प्र. मैं पतली हूं। क्या मुझे वजन बढ़ाने के लिए व्यायाम करना शुरु करना चाहिए? वजन बढ़ाने के लिए कैसे व्यायाम रूं?

दिव्या - 15

हो सकता है, आपको जानकर हैरानी हो कि पतले लोगों को भी व्यायाम की आवश्यकता होती है। हर रोज 30-40 मिनट तक शारीरिक गतिविधि पर ध्यान दें। इससे अनेक लाभ होगें। भूख खुल कर लगेगी। फिटनेस का स्तर बढ़ेगा। स्टेमिना व ताकत में भी सुधार होगा।

आपको स्ट्रैंथ-ट्रेनिंग व्यायामों पर फोकस करना चाहिए। ये मसल मास बनाने के लिए आदर्श है। आप डंबल का प्रयोग करें या एक्वैट, पुश-अप, पुल अप व एवडोमिनल क्रंच जैसे व्यायाम कर सकती हैं।

प्र. मुझे व्यायाम के बाद कैसे स्नैक लेने चाहिए ?

शेखर, 16

उ. प्रोटीन व कार्ब स्नैक बेहतर उर्जा प्रदान करते हैं। आप चिकन की भरावन वाला परांठा, अंडे व पनीर बटर के साथ होल ग्रेन टोस्ट या पनीर सैंडविच ले सकते हैं। वर्क आउट के 45 मिनट के भीतर खाएं ताकि उर्जा का स्तर फिर से बन जाए।

पंद्रह साल के निखिल का ही मामला लें। वह सप्ताह में पांच बार स्कूल के बाद फुटबॉल कोचिंग लेने जाता है। गहन ट्रेनिंग सत्र उसे बुरी तरह थका देता है। इसके साथ ही उसका वजन भी घटता जा रहा है। उसने डॉक्टर से पूछा तो उन्होंने कहा- हर्बल के बाद उसे प्रोटीन वाले स्नैक्स लेना चाहिए। यह कारगर है। इससे न केवल निखिल के उर्जा के स्तर में बदलाव आया बल्कि वजन भी बढ़ने लगा।

प्र. वजन बढ़ाने के लिए पर्याप्त नींद व विश्राम क्यों आवश्यक है?

उ. वृद्धि तथा विकास के लिए नींद व आराम दोनों ही जरूरी हैं। नींद की कमी से शरीर व मसल्स थकेंगे। वजन नहीं बढ़ पाएगा।

प्र. मुझे ट्रेनर ने वजन बढ़ाने के लिए प्रोटीन सप्लीमेंट व एनर्जी बार लेने को कहा है। क्या ये ठीक है?

अक्षय, 16

वजन बढ़ाने के लिए आपको कैलोरी की भरपूर मात्रा लेनी होगी। यदि

वजन 60 किलो है तो दिन में 60 ग्रा. प्रोटीन की मात्रा संतुलित आहार के लिए पर्याप्त है।

एनर्जी बार कई ब्रांडों व स्वादों में आते हैं। इनमें कार्ब, प्रोटीन व वसा का अच्छा मेल होता है। इन्हें कहीं भी, कभी भी खा सकते हैं पर ये संपूर्ण आहार का विकल्प नहीं।

कोई भी सप्लीमेंट, एनर्जी बार या विटामिन पिल लेने से पहले डॉक्टर की राय लें। वे आपको बताएंगे कि अधिक प्रोटीन की मात्रा भी शरीर को नुकसान पहुंचा सकती है जिससे डीहाइड्रेशन, कैल्शियम की कमी व किडनी रोग आदि भी हो सकते हैं।

7

बॉडी को री-मॉडल कैसे करें :

S.M.A.R.T बनें (Specific, Measuratle, Action-Oriented, Realistic, Time Brand)

लक्ष्य परिभाषित करें :

जब आपको पता हो कि आप चाहते क्या हैं, तभी उस लक्ष्य को पाने के लिए प्रयत्नशील होंगे। अपने दिमाग में एक स्वस्थ व फिर जीवनशैली का लक्ष्य ले कर आगे चलें। उदाहरण के लिए, आपके लक्ष्य हो सकते हैं :

- वजन घटाना
- फिर रहना
- टेनिस/स्क्वैश या बैडमिंटन जैसे खेल में सुधार
- ऊर्जा के स्तर में वृद्धि

अब अपने स्मार्ट (S.M.A.R.T.) योजना को अपनाना है ताकि लक्ष्य को पा सकें। निम्नलिखित निर्देशन आपके सहायक हो सकते हैं :

S यानि Specific (सुनिश्चित)

लक्ष्य को स्पष्ट रूप से परिभाषित करते हुए प्राथमिकता के अनुसार लिखें, जैसे

- सुबह की सैर का आरंभ

● नाश्ते में फल लेना

● घर जाते समय, आईसक्रीम पार्लर को अनदेखा करना।

● उन वस्तुओं की सूची बनाएं जो प्राथमिकताएं तय करने में व विचारों को उचित रूप देने में सहायक हो सकें।

M यानि Measurable (मापने योग्य)

प्रगति को मापने या जांचने का प्रयास करें। क्या पहले से भागने की गति में सुधार हुआ। क्या पहले से बेहतर नींद आती है। क्या उर्जा के स्तर में वृद्धि हुई। जब आप सही मायनों में प्रगति की जांच करेंगे, तभी और बेहतर कर पाने की प्रेरणा मिलेगी।

A यानि Action (गतिशीलता)

बस सोचने से बात नहीं बनती। काम शुरू कर ही दें। कुछ करने का मन बनाने के बाद पीछे न हटें : जैसे -

- लिफ्ट के बजाए सीढ़ियों का प्रयोग
- मनचाहे खेल का आरंभ

R यानि Realistic (वास्तविक)

एक ही दिन में जग जीतने की कोशिश न करें। छोटे पर खास बदलावों पर केंद्रित हों। यदि ऐसा नहीं किया तो चोटिल भी हो सकते हैं तथा प्रेरणा के स्तर में भी कमी आ सकती है।

T यानि Time (समय)

समय सीमा निर्धारित करें। समय सीमा न रहने से लक्ष्य भूल सकते हैं या उसे अनदेखा कर सकते हैं। समय सीमा रहने से आप यह भी जान पाएंगे कि एक निश्चित समयावधि में कितनी प्रगति हुई।

8

अपने एक्सरसाइज़ व्यक्तित्व को प्रकट करें

आप पूछ सकते हैं कि एक्सरसाइज व्यक्तित्व क्या होता है? मैं इसे एक निजी उदाहरण से स्पष्ट करती हूं । किशोरावस्था में, मैं अपनी दो दोस्तों के साथ स्थानीय पार्क में जॉग करती थी। कुछ माह मैंने उब कर, वैसा करना छोड़ दिया।

पर कोई साधारण व्यायाम तो चाहिए नहीं तो आलस महसूस होता था। मैंने डैड के साथ क्लब जाने की सोची ताकि वहां टेनिस खेल सकूं। उनका अपना दल था पर टेनिस कोच ने मुझे मेरे आयु वर्ग के लोगों से मिलवा दिया। जल्दी ही मुझे खेल का स्वाद आ गया। मैं उसे बड़े मजे से खेलती। मैंने कभी प्रतियोगी टेनिस नहीं खेला और न ही इस बारे में सोचा। बस आपसे भी यही कहना चाहती हूं कि वही व्यायाम करें, जिसमें आपको आनंद आए। इस तरह मौज-मस्ती की भी डोज़ मिल जाएगी यानी डबल फायदा। क्लब से लौट कर मैं भारी नाश्ता करती।

सबके लिए व्यायाम के मायने अलग-अलग हो सकते हैं। अपना एक्सरसाइज व्यक्तित्व पहचानें व देखें कि आपको क्या सूट करता है।

हाई एनर्जी एक्सरसाइज एडिक्ट

'मैं अपनी सीमा तक हाई एनर्जी वर्क आउट करता हूं जिससे शरीर में एड्रेनलिन का स्तर भी बढ़ जाता है।'

आपका कनेक्ट : जिम, एथलेटिक्स, रनिंग, स्पोटर्स।

ग्रुप एक्सरसाइजर : 'मैं वहां व्यायाम करना पसंद करता हूं जहां मैं अपने हुनर को दल के एक हिस्से के रूप में प्रयोग में ला सकता हूं। दल का उत्साह मेरे ऊर्जा के स्तर को ऊंचा रखता है।'

आपका कनेक्ट : क्रिकेट, सॉकर, बास्केट बॉल, ग्रुप एक्सरसाइज कक्षा जैसे- किकबॉक्सिंग व एरोबिक्स आदि।

स्पोर्टी सेल्फ मोटीवेटर : 'मुझे खेल के रोमांच के साथ कौशल का श्रेष्ठ प्रदर्शन पसंद है। मुझे खेलना पसंद है।'

आपका कनेक्ट : तैराकी, एक्वैश, टेनिस, बैडमिंटन

बड्डी बोंडर : 'दोस्तों के साथ व्यायाम करना पसंद है। इस तरह हम गपशप भी लगा लेते हैं।'

आपका कनेक्ट : जिम, साईकिलिंग, रोलरब्लेडिंग, प्रतियोगी रैकेट स्पोर्ट।

मन व शरीर की उर्जा : मुझे मन व शरीर के बीच संतुलन व शांति चाहिए, ताकि मैं रिलेक्स हो कर, यूनीवर्स से संबंध को महसूस कर सकूं।

आपका कनेक्ट : योगा, ताई-ची पाइलेट्स।

रोमांच प्रिय : मुझे प्रकृति का साथ पसंद है यानी धूप, हवा, पानी का चेहरे पर स्पर्श। मुझे तो चौबीस घंटे कैंपिंग पसंद है।

आपका कनेक्ट : साईकिलिंग, पर्वतारोहण, ट्रेकिंग, बीच वॉलीबॉल, वाटर स्पोर्ट, घुड़सवारी।

चहलकदमी/ दौड़प्रेमी : 'मुझे तो अच्छे जूते दो और मैं घर से निकलूं। मैं आई-पॉड रखता हूं या कोई दोस्त भी साथ हो सकता है पर चहल कदमी या दौड़ का तो मजा ही सबसे अलग है।'

कनेक्ट : सड़कें/ रनिंग ट्रेक/ प्राकृतिक, पगडंडिया/ पार्क, समुद्री किनारा।

9

स्टेमिना, स्ट्रैंथ, सपलनेस व स्टेबिलिटी फिटनेस के चार 'एस'

आपकी एक्सरसाइज पर्सनेलिटी चाहे कोई भी क्यों न हो। अपने रूटीन में ये चार 'एस' अवश्य शामिल करें। जैसे अगर आप वाकिंग के शौकीन हैं तो स्टेमिना व क्षमता बढ़ाने के लिए पावर वॉक कर सकते हैं, पहाड़ी पर चढ़ कर टांगों को मजबूती दे सकते हैं, बोन की डेन्सिटी बढ़ा सकते हैं। वार्मअप व कूलडाउन स्ट्रैंगिस से सपलनेस बढ़ा सकते हैं। किसी संकरे रास्ते पर चल कर स्टेबिलिटी बढ़ा सकते हैं व संतुलन साधने का प्रयास कर सकते हैं।

स्टेमिना (क्षमता)

स्टेमिना या क्षमता तब विकसित होती है जब शरीर, शरीर के बड़ी मांसपेशी समूह के इस्तेमाल से तथात्मक रूप से गतिशील होता है। आप जॉग, रन, रस्सी कूद, या तैराकी, क्रिकेट, टेनिस व एक्वैश जैसे खेलों से इस तरह का व्यायाम पा सकते हैं। ये हृदय की सेहत में सुधार के लिए भी श्रेष्ठ व्यायाम हैं क्योंकि एरोबिक गतिविधि के कारण हृदय अधिक मात्रा में, रक्त में ऑक्सीजन प्रवाहित करता है।

जरा ध्यान दें

हृदय एक मांसपेशीय अंग है जो कि छाती या थोरेसिक कैविटी में स्थित है। यह आकार व आकृति में बंद मुट्ठी जैसा होता है। यह छोटा सा अंग एक दिन में एक लाख बार संकुचित होता है तथा प्रति मिनट 5-6 लीटर रक्त पंप करता है।

व्यायाम से हृदय कैसे मजबूत होता है ?

व्यायाम से हृदय को मजबूती मिलती है तथा हर हार्टबीट के साथ अधिक मात्रा में रक्त प्रवाहित करता है। एक सही तरीके से कार्य करने वाला हृदय, कम हार्टबीट के साथ अधिक रक्त प्रवाहित करता है। कम एरोबिक कंडीशनिंग वाला हृदय अधिक प्रभावी नहीं होता। कड़े व्यायाम के बाद हार्ट तेजी से रक्त पंप करता है जो कि सामान्य गति से बीस गुना तक अधिक हो सकता है।

स्ट्रैंथ (ताकत)

स्ट्रैंथ व्यायाम आपकी हड्डियों व मांसपेशियों को मजबूती देते हैं। जब आप सीधे बैठते हैं या तन कर चलते हैं तो आपके आत्मविश्वास के स्तर में वृद्धि होती है। एक प्रभावी स्ट्रैंथ रूटीन में ऐसे व्यायाम शामिल होते हैं जो पूरे शरीर के मसल्स पर केंद्रित होते हैं। मसल स्ट्रैंथ में सुधार का सबसे बेहतरीन उपाय यही है कि आप अपने शरीर के भार को ही रेजिस्टेंस के तौर पर इस्तेमाल करें।

हड्डी संबंधी तथ्य

मनुष्य के हड्डियों के ढांचे में 206 हड्डियां होती हैं। हड्डियों को विकास व मजबूती के लिए कैल्शियम चाहिए। स्ट्रैंथ व्यायाम हड्डियों में कैल्शियम अवशोषण में सुधार लाते हैं तथा नियमित व्यायाम से बोन की डेन्सिटी में भी वृद्धि होती है।

फैक्ट्स

प्र. क्या मैं स्ट्रैंथ ट्रेनिंग से लाभ पा सकता हूं? वेट ट्रेनिंग कैसी रहेगी?

- आशीष, 17

उ. अपने शरीर के भार के साथ स्ट्रैंथ ट्रेनिंग को आदर्श माना जाता है। पुल-अप, पुश-अप व स्क्वैट आपके शरीर को सुगठित व सुडौल बनाएंगे। आप बेहतर दिखेंगे व महसूस करेंगे।

बस यह ध्यान रहे कि किशोरों को भारी वजन नहीं उठाने चाहिए। कम से कम सोलह साल तक तो पावर लिफ्टिंग व बॉडी बिल्डिंग न करें। यदि ग्रोथ प्लेटों पर कोई चोट आ गई तो हड्डियों का विकास रुक सकता है।

सपलनेस (लोच)

स्ट्रैचिंग व्यायामों से शरीर की लोच बढ़ती है शरीर आसानी से व पूरी गति से घूम सकता है व मुड़ सकता है। इन व्यायामों से रिलैक्सेशन में वृद्धि होती है। याद रखें, यहां तक कि जूते बांधने के लिए झुकते समय भी आपका शरीर स्ट्रैच होता है।

यदि आप एक आम टीनएजर हैं तो झुककर चलने या बैठने के आदी होंगे। स्ट्रैचिंग से न केवल शरीर की लोच बढ़ेगी बल्कि मांसपेशियों का संयोजन बेहतर होगा तथा पोस्चर की समस्याएं भी दूर होंगी और बोनस? गुड पोस्चर होने से आप पहले से फिट, स्लिम, गठे हुए लगेंगे। वाह! सही पोस्चर से इतने फायदे।

स्ट्रेच से लाभ

स्ट्रेचिंग खेलों से होने वाली चोटों से भी बचाव करती है। जैसे हॉकी में पीठ की जकड़न, टेनिस में, कंधों की सूजन, रनिंग या एक्वैश खेलने से टांगों की सख्त मांसपेशियां।

- हमेशा आराम से स्ट्रेच करें
- धीमी गहरी व प्राकृतिक सांस लें
- रिलेक्स रहें व स्ट्रेच को महसूस करें।

स्टेबिलिटी (स्थिरता)

स्टेबिलिटी या बैलेंस ट्रेनिंग के बारे में आप प्राय: नहीं सोचते पर यह किसी भी फिटनेस प्लान का हिस्सा होती है क्योंकि यह रिफ्लैक्स, हाथ व आंख के संयोजन तथा मसल्स स्ट्रैंथ का मेल करती है। हर तरह के खेल में खास किस्म के संतुलन की आवश्यकता होती है, चाहे वह हर्डल हो या रोलरब्लेडिंग, साईकलिंग हो या फिर गेंद लपकना।

बैलेंस ट्रेनिंग के लाभ

- रोजमर्रा की गतिविधियों के लिए कार्यात्मक स्थिरता में सुधार
- संयोजन में सुधार
- न्यूरो मास्क्युलर सजगता में वृद्धि एवं
- स्ट्रैंथ में वृद्धि।

10

फिटनेस के लिए आवश्यक जूते, जुराबें, कपड़े व अन्य सामग्री

स्पोर्ट शूज़ व जुराबें

व्यायाम के वक्त सहारे व सुविधा के लिए स्पोर्ट शूज पहनना जरूरी है। वे झटके सह लेते हैं व व्यायाम के समय आपके पैरों को कट, छालों व संभावित हानि से बचाते हैं।

स्पोर्ट्स कपड़े

आप जो कुछ भी पहनने के लिए चुनते हैं, वह जलवायु तथा आपके द्वारा की जाने वाली गतिविधि पर निर्भर करता है। बनियान, टी-शर्ट, ट्रैक पैंट जैसे स्पोटर्स कपड़े आदर्श होते हैं। इन्हें पहनकर आप आसानी से खुले हाथ-पैर हिला सकते हैं।

स्टॉपवॉच

यह स्टॉपवॉच व्यायाम के दौरान आपके वर्कआउट के समय पर नजर रखती है। यदि आप किसी खास गतिविधि के लिए कौशल में निखार चाहते हैं तो यंत्र आपकी गति व प्रदर्शन की भी जांच करेगा।

हार्ट रेट मॉनीटर

हार्ट रेट मॉनीटर से व्यायाम के दौरान हृदयगति माप सकते हैं। अब कई प्रकार के हार्ट रेट मॉनीटर उपलब्ध हैं। कुछ से तो आपके आंकड़े कम्प्यूटर पर भी डाउनलोड हो जाते है। ताकि उन्हें आसानी से देखा जा सके व संदर्भ के तौर पर प्रयोग में लाया जा सके।

वाटर बोटल

कसरत करते समय, पानी की बोतल अवश्य साथ रखें। इस तरह आप नियमित अंतराल पर पानी पी सकेंगे व वर्कआउट के दौरान पानी की कमी भी महसूस नहीं होगी। इससे व्यायाम के प्रदर्शन में भी सुधार होगा।

स्पोर्ट स्ट्रैप

अगर मांसपेशियां कमजोर हैं या किसी मांसपेशी में चोट है तो स्पोर्ट स्ट्रैप का प्रयोग करें। ये आपकी मांसपेशियों को सहारा देती हैं, जैसे वजन उठाते समय या टेनिस जैसे खेल खेलते समय रिस्ट स्ट्रैप बेचैनी व चोट से बचा सकता है।

हाथों के दस्ताने या ग्रिप्स

हाथों के दस्ताने पहनने से उनमें सूजन नहीं आती व भार उठाने में भी आसानी होती है।

आई वियर या हैंडबैंड

बाहर ट्रेनिंग हो रही हो तो चश्में की जरूरत पड़ती है। ये आपको धूप, हवा, प्रतिबिंब व चमक से बचाते हैं।

हैंडबैंड काफी कूल दिखते हैं। इन्हें कसरत न करने के दौरान भी पहन सकते हैं। इनसे बाल पीछे की तरफ रहते हैं तथा पसीना भी चेहरे पर नहीं गिरता।

11

आप, मैं और जिम

लगता है, दूसरे युवाओं की तरह आप भी जिम जाने के शौकीन हैं। यहां आप दोस्तों से मिलते हैं, हेल्थ शेक लेते है। और हां, एक्सरसाइज भी करते हैं।

पर क्या कभी आपने जिम सुरक्षा या उपकरणों के सही प्रयोग पर ध्यान दिया। कृपया कभी भी जिम उपकरणों के प्रयोग को हल्केपन से न लें। आप खुद को चोट पहुंचा सकते हैं या आजीवन पीठ व जोड़ों का दर्द पाल सकते हैं।

सैंकड़ों लोगों के जिम रूटीन के अध्ययन व निरीक्षण के बाद मैंने ऐसे 10 नियम बनाए हैं, जिन्हें आप डूज़ व डोंट की श्रेणी में ले सकते हैं :

1. **तुलना या प्रतियोगिता न करें :**
   आप जो नहीं है, वैसा बनने की कोशिश में समय बरबाद न करें। आपका अपना तंत्र है। जो दोस्त के काम आया, जरूरी नहीं कि आपके भी काम आएगा। आप अपने लक्ष्यों व उद्‌दश्यों के प्रति केंद्रित रहें।

2. **एक स्पॉटर पास रखें :**
   जी हां, चाहे आप खुद ही दंड पेलें या दोस्त के साथ जिम जाएं। सेफ वर्कआउट के लिए एक स्पॉटर का होना अनिवार्य है। स्पॉटर

प्रशिक्षण तकनीक के लिए रचनात्मक निर्देश देता है व प्रोत्साहित भी करता है।

3. **बातचीत के दौरान पोस्चर से समझौता न करें :**
यदि व्यायाम के दौरान गप्पे मारने की आदत है, तो सावधान! याद रखें कि उचित तकनीक व रूप ही सब कुछ है। यह जोड़ों की सुरक्षा करता है व शरीर को व्यायाम के झटकों से बचाव करता है। यदि बातचीत में व्यस्त रहें तो आप गलत तकनीक अपना सकते हैं या झटके से गतिशील हो सकते हैं, इन दोनों से ही गंभीर चोट आ सकती है।

4. **उचित तरीके से सांस लें :**
फिटनेस ट्रेनिंग, वेट ट्रेनिंग व योग आदि में सही तरीके से सांस लेने का बहुत महत्व है। वेट ट्रेन के समय सांस लेने का सही तरीका यह है कि : व्यायाम करते समय सांस छोड़ें व मांसपेशीय तनाव को ढीला करते समय सांस भीतर लें।

5. **स्ट्रैच करना न भूलें :**
किसी भी एक्सरसाइज़ के तुरंत बाद शरीर की स्ट्रेचिंग करें। लोच बढ़ेगी व मांसपेशियां रिलैक्स होंगी।

6. **अधिक मात्रा में पानी पिएं :**
व्यायाम के समय, पसीने के रूप में शरीर का तरल पदार्थ निकल जाता है। इसके लिए आपको पानी की आवश्यकता होगी। व्यायाम के पहले, बाद में व उसके दौरान पानी की काफी मात्रा लें ताकि शरीर डीहाइड्रेशन का शिकार न हो।

7. **धीरे-धीरे प्रगति करें :**
वर्कआउट रूटीन को समय के साथ कड़ा करें। बेहतर होगा कि शरीर को धीरे-धीरे सख्त व्यायाम के लिए तैयार किया जाए। आपको एक बार में, 5 से 10 प्रतिशत तक ही गहनता या वेट बढ़ाना चाहिए। इस तरह ओवर ट्रेनिंग की हानि से बचे रहेंगे।

8. **अच्छा भोजन खाएं :**
स्वस्थ भोजन व व्यायाम का गहरा नाता है। स्वस्थ भोजन से ही व्यायाम करने व सक्रिय रहने की उर्जा प्राप्त रहेगी।

9. रील मॉडल के पीछे न भागें :

आप चाह कर भी रियल लाइफ में रील मॉडल जैसे नहीं दिख सकते। हां, उन्हें अपना आदर्श बनाएं पर उनके जैसा बनने की अंधाधुंध कोशिश न करें।

10. मजा करें :

जिम के फिटनेस रूटीन का आनंद लें। अपनी रुचि के अनुसार तरह-तरह के व्यायामों पर ध्यान दें ताकि आप एक बढ़िया स्ट्रेस-बस्टर रूटीन बना सकें व इस रूटीन के कारण तनावग्रस्त न हों।

12

वे आपको जिम में क्या नहीं सिखाते?

युवा खिलाड़ियों की कोचिंग के लिए प्रायः स्ट्रैंथ व कंडीशनिंग एक्सरसाइज को शामिल किया जाने लगा है। पर फिर भी इसके बारे में कई भ्रांत धारणाएं प्रचलित हैं। कुछ सवाल है : मैं जिम कब ज्वाइन कर सकता हूं, क्या मेरे लिए वेट ट्रेनिंग सेफ रहेगी? क्या इससे मेरी ग्रोथ रूक जाएगी?, क्या मैं मसल्स बना सकता हूं? वगैरा।

जो भी जानना चाहें, यहां हाजिर है, साथ ही यह भी जानें कि वे आपको जिम में क्या नहीं सिखाते।

प्र. मैं तेरह साल का हूं व जिम जाना चाहता हूं। कृपया बताएं कि मुझे किस आयु से शुरुआत करनी चाहिए?

उ. खुशखबरी! आप अभी से शुरुआत कर सकते हैं। आप तेरह साल की उम्र में, जिम के लिए उपयुक्त हैं। जिम भी, कोर्ट खेल खेलने, योगा या प्राणायाम करने की तरह ही व्यायाम का एक रूप है। बस सावधानी यह रखें कि आप पहली बार जिम जा रहे हैं तथा युवा हैं इसलिए कोच के सभी निर्देशों का सावधानी से पालन करें।

प्र. मुझे तसल्ली कैसे हो कि मेरा वर्कआउट सुरक्षित व प्रभावी होगा ?

उ. सबसे पहले देखें कि कोच सर्टिफाइड ट्रेनर है या नहीं। उसके सर्टिफिकेट वगैरा देखने से न हिचकें। जिम से सारी जानकारी मांगे। एक

व्यवसायिक कोच ही सुरक्षित व प्रभावी वर्कआउट करा सकता है। वह एक्सरसाइज रूटीन पर भी नजर रखेगा। इस तरह आप चोट, दुर्घटना व गलत तकनीक के प्रयोग से बचे रहेंगे।

प्र. मेरी बढ़ती उम्र है। कहीं स्ट्रैंथ व्यायाम से मेरी ग्रोथ (वृद्धि) तो नहीं रूक जाएगी?

उ. चोट के भय से व्यायाम करना न छोड़ें। कोई भी व्यायाम अलग या गलत तरीके से हो तभी नकारात्मक प्रभाव देता है। व्यायाम की सही तकनीक अपनाएं। न तो ग्रोथ रुकेगी व न ही चोट लगने का भय रहेगा।

कुछ और तथ्य

गलत तरीके के व्यायाम से ग्रोथ प्लेट पर प्रभाव पड़ता है। ग्रोथ प्लेट हड्डियों के सिरों पर कार्टिलेज होते हैं जो हड्डियों के विकास में सहायक होते हैं। बढ़ती हड्डियों का विकास अठारह साल के बाद थम जाता है। ग्रोथ प्लेट (एपीफिसील प्लेट) को चोट पहुंचाने से हड्डियों के विकास में बाधा आ सकती है। हमेशा उचित तकनीक के साथ ही व्यायाम करें।

फैक्ट्र्स

प्र. मैं एक गठा शरीर चाहता हूं। क्या मैं मसल्स बनाने के लिए छोटा हूं?

–ऋषि, 15

उ. नहीं, स्ट्रैंथ व स्ट्रैंथ ट्रेनिंग व्यायाम से आप सुगठित शरीर पा सकते हैं पर बड़ा व बल्की बनने की कोशिश न करें क्योंकि पावर लिफ्टिंग के लिए शारीरिक व ढांचीय परिपक्वता चाहिए जो कि व्यस्कावस्था में ही संभव है।

प्र. क्या पुश-अप व पुल-अप जैसे बॉडी-वेट व्यायाम, फ्री-वेट या मशीनों के प्रयोग से सुरक्षित है? **– ऋषि, 15**

उ. दरअसल आपका शरीर यह अंतर नहीं जानता। चाहे आप फ्री वेट इस्तेमाल करें या मशीन, या फिर अपना ही बॉडी रेजिस्टेंस वेट का प्रकार नहीं बल्कि गहनता का स्तर ज्यादा मायने रखता है।

ये सभी विकल्प सुरक्षित हैं बशर्ते आप पूरी सावधानी व मार्गदर्शन में चलें। पुल-अप व पुश-अप में हल्के रेजिस्टेंस वेट के मुकाबले ज्यादा मेहनत लगती है। बेहतर होगा कि आप मशीनों पर स्ट्रैंथ एक्सरसाइज या फ्री वेट से शुरुआत करें।

प्र. मेरा कद 4 फीट 11 इंच है। मैं छोटी होने के कारण जिम मशीनों पर आराम देह महसूस नहीं कर पाती। मुझे क्या करना चाहिए? **–रूपल, 15**

उ. तकरीबन जिमों में, कम कद वालों के लिए मशीने उपलब्ध नहीं है। यदि आप बड़ी मशीनों पर आरामदेह न हों तो उन पर व्यायाम न करें।

बेहतर होगा कि आप फ्री-वेट, इलास्टिक ट्यूविंग्स मेडीसीन वॉल, फिट बॉल व अपने शरीर के वेट का प्रयोग करें।

प्लस प्वाईंटस

इलॉस्टिक की ट्यूबिंग कई आकारों व रेजिस्टेंस स्तरों में आती हैं। ये वेट मशीन तथा फ्री वेट का बेहतर विकल्प है।

– यदि ट्यूबिंग हाथ से छूट भी गई तो चोट नहीं आएगी। ये दुर्घटना प्रेमियों के लिए भी ठीक रहेगी।

लैब रिपोंट

कोई अध्ययन नहीं कहता कि एक रेजिस्टेंस ट्रेनिंग दूसरी से बेहतर है। आपकी मसल्स के आंख/कान नहीं होते इसलिए उन्हें पता नहीं चलता कि वे प्लेट, वाट या ट्यूबिंग, क्या उठा रहे हैं। जब तक मसल्स सही तरीके से काम कर रहे हैं तो रेजिस्टेंस का प्रकार कोई मायने नहीं रखता।

प्र. आप स्ट्रैंथ ट्रेनिंग का बेसिक प्रोटोकॉल बता सकती हैं?

उ. प्रोटोकॉल, तयशुदा रूटीन है। जिसका व्यायाम के दौरान पालन करना चाहिए।

कांऊट : इसे 'रैप' (रैपीटेशन) भी कहते हैं। कोई खास व्यायाम करने की संख्या।

सैट : एक ही व्यायाम के दोहराव, को दस से पंद्रह बार करने से एक सैट बनता है।

सैशन : पूरा व्यायाम रूटीन सैट कहलाता है। अगर आप स्ट्रैंथ ट्रेनिंग ले रही हैं तो तयशुदा ट्रेनिंग फ्रीक्वेंसी होगी। 2 दिन प्रति सप्ताह (लगातार नहीं) व्यायाम संख्या 8 से 10 प्रति सैशन होगी। हर व्यायाम प्रति सैट 10 से 15 बार दोहराया जाएगा। एक दिन में 1 से 3 सैट होने चाहिए।

यह किशोरों के लिए आदर्श रूटीन है। यदि आपने ट्रेनिंग की मात्रा व फ्रीक्वेंसी बढ़ाई तो खुद को थका देंगे व चोट लगने का भी डर रहेगा।

ट्रेनिंग टिप : कोई नया व्यायाम शुरू करते समय, हल्के वेट से या बिना वेट के शुरुआत करें। आप वेट के लिए 500 मिली की पानी की बोतल भी इस्तेमाल कर सकते हैं, जब तक कि आप व्यायाम की उचित तकनीक सीख न लें।

13

मांसपेशियां बनाना

मैं कभी नहीं भूलूंगा, मुझे बॉडी बिल्डिंग की प्रेरणा, मेरे आदर्श सलमान खान से मिली। चौदह साल की उम्र में मैंने सलमान बनना चाहा व एक किलर बॉडी भी पा ली। मैंने काफी ट्रैनिंग ली, बॉडी बिल्डिंग डाइट भी ली...पर पाया कि सब कुछ बेहतर तरीके से करने के बाद, मुझे एहसास हुआ कि....

शर्ट उतार कर लड़कियों को इम्प्रेस करने के लिए ठीक था। मैं वी-शेप बॉडी व वाई सैप के साथ काफी अच्छा दिखने लगा था पर अपने हीरो जैसा तो अभी भी नहीं दिखता था। तभी मुझे समझ आया कि उस जैसा दिखने के लिए शारीरिक रूप से परिपक्व होना भी जरूरी है। पर अब मैं उन्नीस साल का हूं व हालात बदल गए हैं। मेरे कंधे व बाजुएं पहले से काफी भर गई हैं। हो सकता है कि मैं अब भी लुक्स में सलमान नहीं लगता पर मेरी बॉडी तो काफी हद तक वैसी बन गई है....

- अर्जुन, 19

कई बार जिम में आप पर मसल्स बनाने की दीवानगी हावी हो जाती है पर आपको अर्जुन से कुछ सीखना चाहिए। सबसे पहले एक प्रभावी स्ट्रैंथ रूटीन से आरंभ करें जो बेहतर नतीजे दे सकें, खुद को जिम के दीवाने के रूप में प्रस्तुत न करें। कुछ ऐसे व्यायाम शामिल करें, जो शरीर के सभी हिस्सों पर काम करें।

यह शरीर एक अद्भुत मशीन है। यदि इसे सही तरीके से ले कर चलेंगे तो अद्भुत परिणाम भी पा सकते हैं। कृपया इन तीनों बातों पर ध्यान दें :

1. एक समुचित व्यायाम योजना तैयार करें

विविध प्रकार के स्ट्रैंथ ट्रेनिंग उपायों व उपकरणों से स्ट्रैंथ पा सकते हैं। स्ट्रैंथ व्यायामों की शृंखला चलाते समय बड़े से छोटे मांसपेशी समूह तक जाएं।

2. मांसपेशियों को दें पूरा आराम

स्ट्रैंथ ट्रेनिंग का एक खास पहलू है – विश्राम! शरीर को फिजीकल वर्कआउट के लिए समुचित आराम चाहिए। स्ट्रैंथ ट्रैनिंग के दौरान तो मांसपेशियों को व्यायाम सत्रों के दौरान कम से कम 48 घंटे के विश्राम की आवश्यकता होती है ताकि वे स्वयं को रिकवर कर सकें।

3. समुचित खान पान योजना अपनाएं

पोषण बहुत महत्व रखता है तथा एक पूर्णतया संतुलित आहार में सीरीयल, प्रोटीनयुक्त खाद्यपदार्थ, फल व सब्जियां तथा सीमित मात्रा में वसा शामिल होने चाहिए।

4. पर्याप्त मात्रा में प्रोटीन लें

यदि मसल्स बनाना चाहते हैं तो स्ट्रैंथ ट्रैनिंग के अलावा, अपने शरीर के वजन के प्रति कि. के हिसाब से 1 से 1.5 ग्राम प्रोटीन की मात्रा बढ़ाएं। मसल टिश्यू की मरम्मत व निर्माण के लिए प्रोटीन अनिवार्य है।

14

जिम और जिम मशीनें

क्या आप एक उत्साही जिगर हैं? यानी उनमें से हैं जो हमेशा भरपूर उर्जा के साथ दस फालतू रैप करने के लिए तैयार रहते हैं। हालांकि मैं आपकी प्रेरणा के स्तर को मारना नहीं चाहती पर प्लीज़ जरा संभलें। कहीं ऐसा न हो कि आप ओवर-ट्रेनिंग कर लें या खुद को चोट पहुंचा लें।

हो सकता है कि ज्यादा कसरत के लालच में आप एक्सरसाइज मशीन का जरूरत से ज्यादा इस्तेमाल कर लें, फिर तो बाद में पछताना ही होगा।

टैंडोनाइटिस, पीठ में दबाव या लिगामेंट की चोट जैसी परेशानियां, अत्यधिक व्यायाम के कारण ही होती है। यह याद रखें कि विश्राम किसी भी प्रभावी प्रशिक्षण सत्र का एक महत्पूर्ण हिस्सा होता है। विश्राम के दौरान मांसपेशियों को पुनः निर्माण का अवसर मिलता है।

जिम फिट टिप्स

कोई भी व्यायाम करने से पहले दिमाग को शांत करें। लक्ष्य पर केंद्रित होने के बाद ही व्यायाम आंरभ करें। किसी प्रकार की जल्दबाजी न करें।

यहां प्रायः इस्तेमाल की जाने वाली कार्डियो व स्ट्रेंथ मशीनों की सूची दी जा रही है, जो कि इस्तेमाल की जा सकती है। यह भी बताया गया है कि किस उपकरण से क्या हानि हो सकती है।

कार्डियो मशीनें

1. ट्रेडमिल
2. स्टेशनरी साइकिल
3. क्रॉस ट्रेनर
4. स्टैपर

स्ट्रैंथ मशीनें

1. लैग एक्सटेंशन
2. लैग प्रेस
3. लैग कर्ल
4. चेस्ट प्रेस
5. शोल्डर प्रेस
6. लाट पुल डाउन
7. सीटिड रो
8. बाइसैप पुली
9. ट्राईसैप्स पुली
10. काल्फ रेज़ मशीन

ट्रेडमिल

'न-न' की सूची

- . वार्म-अप के बिना व्यायाम करना
- . कमजोर घुटनों के बावजूद इन्फ्लाइन पर दौड़ना
- बड़ी जल्दी उसकी गहनता बढ़ाना तथा मशीन इस्तेमाल करते समय रेलिंग पकड़े रखना।

रिस्क फैक्टर :घुटनों व पीठ पर दबाव

आदर्श रूप : वार्म-अप के लिए 5 मिनट के वॉक से शुरू करें। फिर अगले 3 से 5 मिनट तक धीरे-धीरे गहना का स्तर बढ़ाएं। घुटनों व पीठ पर दबाव न पड़े। इसलिए इंक्लाइन अवस्था में वॉक न करें।

क्रॉस ट्रेनर

'न-न' की सूची

● शरीर के भार का पैरों पर असमान वितरण
● शरीर के भार को पंजों पर डालने व आगे की ओर झुकने की प्रवृत्ति

रिस्क फैक्टर

घुटनों व पीठ पर दबाव

आदर्श रूप

अपने वर्क आउट सैशन से पूरा लाभ लें। शरीर को सीध में रखें। मशीन का प्रयोग करते समय स्टेवलाइजर मसल समूहों का प्रयोग करें।

स्टेशनरी साइकिल

'न-न' की सूची
लंबे समय तक रेजिस्टेंस का अधिक प्रयोग

रिस्क फैक्टर :घुटनों पर गहरा दबाव

आदर्श रूप : वैसे तो साईकिल पर संतुलन की समस्या नहीं आती। इसमें पैर की मसल्स पर केंद्रित रहें व पैडलिंग की गति व रेजिस्टेंस को बढ़ाएं। घुटनों पर दबाव दिए बिना, धीरे-धीरे करें।

स्टैप्पर

'न-न' की सूची
● जब घुटने पंजों के उपर से जाएं तो घुटनों को मोड़ना या ज्यादा लोच देना।
● शरीर का भार पंजों पर डालना।

रिस्क फैक्टर

घुटनों व पीठ पर दबाव

आदर्श रूप

सही पोश्चर रखना, हमेशा स्टैपर पर पूरा पांव रखना।
वार्टिकल चेस्ट प्रेस

'न-न' की सूची

- भार उठाते समय कोहनियों को कंधों में स्तर से नीचे न जाने दें।

रिस्क फैक्टर

कंधों पर दबाव

आदर्श रूप

मशीन की सीट पर झुकें ताकि आपकी रीढ़ की हड्डी को आराम मिले व ध्यान दें कि कोहनियां कंधों की सीध में हों। अपनी बाजू के अगले हिस्सों व कलाईयों को भी वेट उठाते समय रिलैक्स करें।

बाईसैप कर्ल/ट्राईसैप एक्सटेंशन

'न-न' की सूची

- ज्यादा भार उठाना
- भार उठाते समय झटका देना

रिस्क फैक्टर

पीठ पर दबाव

आदर्श रूप

भार उठाते समय उचित पोश्चर बनाए रखें। पीठ सीधी रहनी चाहिए। भार उठाने के लिए बाईसैप या ट्राईसैप का ही प्रयोग करें।

लैग प्रेस/लैग एक्सटेंशन/लैग कर्ल

'न-न' की सूची

- अधिक भार उठाना
- झटके से भार उठाना
- पीठ को धनुषाकर करना

रिस्क फैक्टर : पीठ व घुटनों में तनाव

आदर्श रूप

पीठ को मशीन पर रिलैक्स करते हुए सही फेश्चर बनाएं। यह भी ध्यान दें कि आपके लिए उचित रेजिस्टेंस है। मशीन पर बैठें या लेटें और पैरों को कंधों की दूरी के बराबर खोलें। टांगें मोड़ें व नियंत्रित रूप से फैलाएं पर झटके से बचें।

बारवैल स्क्वैट

'न-न' की सूची

- स्क्वैटिंग के समय घुटनों का पंजों के उपर से जाना।
- पीठ के निचले हिस्से को धनुषाकार मोड़ना।

आदर्श रूप

• ध्यान रहे कि घुटने व पंजे, स्क्वैटिंग के दौरान प्राकृतिक रूप में हो। स्क्वैट रैक पर एकबार बैल रखें। फिर बार को कंधों के अनुसार सेट करें। बार को पकड़ें, अपने पोश्चर पर केंद्रित रहते हुए स्क्वैटिंग करें और फिर पहले वाली मुद्रा में आएं।

श्रीप्रिया व श्रीनाथ, बहन-भाई हैं, वे नियमित रूप से जिम जाते थे। एक सर्टिफाइड ट्रेनर कोच, उनकी मदद करता था। जब कोच को कहीं दूसरी जगह काम मिल गया तो भाई-बहन ने दूसरा कोच खोजने की हिम्मत नहीं जुटाई उन्होंने मान लिया कि वे स्वयं ही सब कर सकते हैं।

पर एक ही सप्ताह में, फ्री वेट करते समय श्रीनाथ की बाजू की मांसपेशी खिंच गई। श्रीप्रिया ने खुद को क्रासट्रेनर पर ओवर-ट्रेन कर लिया और पीठ में दर्द होने लगा।

तभी उन्हें पता चला कि उचित निरीक्षण का क्या महत्व होता है। भाई-बहन ने एक सर्टिफाइड ट्रेनर खोजा और सुरक्षित रूप से ट्रेनिंग लेने लगे।

15

फिटनेस प्रशिक्षण का तरीका

आप यही सोच रहे होंगे न कि अपने फिटनेस ट्रेनिंग प्रोग्राम में विविधता कैसे लाएं। यहां मैं आपको तीन फिटनेस ट्रेनिंग मैथड बता रही हूं, जिनका आप आसानी से इस्तेमाल कर सकते हैं :

इंटरवल ट्रेनिंग

एरोबिक क्रॉस ट्रेनिंग

सर्किट ट्रेनिंग

इन्हें अकेले या बारी-बारी से प्रयोग में ला सकते हैं। एक संपूर्ण वर्कआउट अनुभव के लिए अपना साप्ताहिक वर्कआउट प्लानर बनाएं।

आपका सप्ताह कुछ ऐसा दिख सकता है।

सोमवार - सर्किट ट्रेटिंग
मंगलवार - इंटरवल ट्रेनिंग
बुधवार - सर्किट ट्रेनिंग
वीरवार - एरोबिक क्रॉस ट्रेनिंग
शुक्रवार - सर्किट ट्रेनिंग
शनिवार - एरोबिक क्रॉस ट्रेनिंग
रविवार - विश्राम

इंटरवल ट्रेनिंग

एक्सरसाइज से उब गए हों तो इंटरवल ट्रेनिंग अपनाएं। यह प्लेट्यू तोड़ने के लिए भी बेहतर है।

इंटरवल ट्रेनिंग में गहन स्तर के व्यायामों के बाद हल्के स्तर के व्यायाम किए जाते हैं और फिर विश्राम होता है। इस तरह संपूर्ण वर्कआउट सत्र हो जाता है। इस सिस्टम से फिटनेस का स्तर कैसे बढ़ता है?

चाहे सुनने में सादा लगे पर यह वैज्ञानिक आधार रखता है। आपको अनगिनत विविध ट्रेनिंग साधन मिलते हैं वे आप लगातार प्रदर्शन की चुनौती पाते हैं जबकि स्टैंडर्ड धीमी गति के वर्कआउट में ऐसा नहीं होता है।

क्या यह शुरुआत करने वालों के लिए ठीक है?

यह शुरुआत करने वालों तथा एथलीट्स के लिए है। बस फर्क इतना है कि नई शुरुआत करने वालों को थोड़ा धीरे-धीरे करना चाहिए। वे 5 मिनट की वाकिंग के साथ 1 मिनट की जॉग कर सकते हैं। एथलीट सीधा 5 मिनट की जॉग व 45 सैकेंड की स्प्रिटिंग कर सकते हैं।

अवधि व गहनता फिटनेस स्तर के हिसाब से तय करें। रिकवरी का भरपूर समय दें जैसे सत्रों के बीच एक दिन का विश्राम हो। हर सत्र के पहले व बाद में वार्म अप व कूल डाउन शामिल करें।

प्लस प्वाईंट

- **आप अधिक कैलोरी घटा सकेंगे :** इंटरवल ट्रेनिंग से कैलोरी या उर्जा व्यय को 15 प्रतिशत सत्र बढ़ा सकते हैं।
- **एरोबिक क्षमता बढ़ा सकते हैं :** स्टेमिना में सुधार होने से, लंबे समय तक गहन व्यायाम कर सकते हैं।
- **आप बोर नहीं होते :** इससे आपके एक्सरसाइज रूटीन में विविधता आती है।
- **विशेष उपकरण नहीं चाहिए :** बस वर्तमान रूटीन में इंटरवल ट्रेंनिंग को शामिल करना है।

इंटरवल ट्रेनिंग के उदाहरण

इंटरवल वाकिंग : तीन मिनट तक आराम से चले, 1 मिनट तक स्पीड वॉक, तीस मिनट तक दोहराएं।

इंटरवल रनिंग : 5 मिनट तक रनिंग, 45 सैंकेंड स्प्रिटिंग। तीस मिनट तक दोहराएं।

इंटरवल ट्रेडमिल : चपटी सतह पर 5 मिनट, फिर चढ़ाई पर 5 मिनट, तीस मिनट तक दोहराएं।

इंटरवल साईकलिंग : जरूरत के हिसाब से आसान व मुश्किल लेबल तय करें। 2 मिनट तक आराम से चलाएं। फिर 1 मिनट के लिए स्पीड बढ़ाएं। तीस मिनट तक दोहराएं।

इंटरवल स्विमिंग : 4 संचमित गति के लैप लें, 2 लैप के लिए गति बढ़ाएं। तीस मिनट तक दोहराएं।

इंटरवल जॉग/स्किपिंग : 4 मिनट तक जॉग करें, 50 बार रस्सी कूदें। पांच बार दोहराएं।

एरोबिक क्रॉस ट्रेनिंग

जो लोग दोहराव भरे व्यायाम रूटीन से तंग आ चुके हैं, उनके लिए खुशखबरी। एरोबिक क्रॉस ट्रेनिंग मैथड आपकी रुचि बनाए रखते हैं। ये विभिन्न मसल्स समूहों को चुनौती देने, नया कौशल विकसित करने व आनंद पाने के साथ-साथ कैलोरी घटाने का भी बढ़िया तरीका है।

उदाहरण

मॉडल-160 मिनट क्रॉस ट्रेनिंग वर्कआउट सत्र

15 मिनट - जॉग से पूल

30 मिनट - तैराकी

15 मिनट - पूल से वापिस

मॉडल-2 60 मिनट क्रॉस ट्रेनिंग वर्कआउट सत्र

20 मिनट- साइकलिंग से रनिंग ट्रेक

20 मिनट- रन

20 मिनट- साईकिल से घर वापिस

अपना मॉडल, अपने मनपसंद व्यायाम के हिसाब से विकसित करें। ऐसी गतिविधियों को शामिल न करें, जिनसे चोट लगने का डर हो। जब भी थकान लगे, तो रुक जाएं। जैसे पीठ के निचले हिस्से में जकड़न वाले धावक प्रायः

स्क्वैश जैसे खेल नहीं खेलते। यह याद रखें; थकान इस बात का संकेत है कि शरीर आराम चाहता है, अपने उपर अति न करें।

प्र. क्या अच्छा होने का मतलब है कि आप एक अच्छे साईकलिस्ट भी है?

– सतीश, 15

– नहीं, धावक बनने के लिए आपको दौड़ का अभ्यास करना होगा। एक अच्छा साईकलिस्ट बनने के लिए साईकिल चलाने का अभ्यास करना होगा। इन दोनों के लिए अलग तरह के स्टेमिना व हुनर की आवश्यकता होगी।

फिट टिप : अपने रूटीन में विविधता लाएं। यदि प्रतिदिन एक घंटे तक ट्रेडमिल चलाते हैं तो तीस मिनट तक क्रॉस ट्रेनर आजमाएं। फिर तीस मिनट तक ट्रेडमिल पर वॉक करें।

सर्किट ट्रेनिंग

स्ट्रैंथ व एरोबिक फिटनेस पाने के लिए सर्किट ट्रेनिंग की जाती है। यह जिम की एक लोकप्रिय क्लास है। हालांकि इससे पहले कि आप उलझन में पड़ें , मैं आपको बता दूं कि यह कोई व्यायाम का रूप नहीं बल्कि इस बात से संबंध रखता है कि किसी व्यायाम सत्र का ढांचा कैसे तैयार हो।

सर्किट ट्रेनिंग क्या है?

सर्किट ट्रेनिंग में आप विभिन्न प्रकार के व्यायाम करते हुए प्रत्येक व्यायाम स्टेशन के बाद विश्राम लेते हैं। स्टेशनों की संख्या चार से बारह तक हो सकती है। ये सभी स्टेशन पूरे होने पर ही एक वर्कआउट – सर्किट पूरा माना जाएगा।

यह ट्रेनिंग एरोबिक ट्रेनिंग, रेजिस्टेंस ट्रेनिंग या फिर दोनों का मेल हो सकती है। एक सर्किट पूरा होने पर, आप दूसरा सर्किट आरंभ करते हैं। 2 से 3 मिनट की विश्राम अवधि के साथ 1 से 3 सर्किट करने की सलाह दी जाती है (कुछ ट्रेनर तो सर्किट के बीच 45 सैकेंड का ही समय देते हैं) बाद में स्टेशन टाइम को बढ़ा कर विश्राम की अवधि घटाई जा सकती है।

यह न सोचें कि इसका आनंद पाने के लिए आपका उच्च प्रशिक्षित एथलीट होना आवश्यक है। यहां तक कि शुरुआत से ही इसका फायदा पा सकते हैं क्योंकि यह वजन घटाने, स्टैमिना बढ़ाने व फिटनेस पाने का संपूर्ण व श्रेष्ठ उपाय है।

प्र. मेरे मित्र ने बूट कैंप सर्किट किए हैं? इसका क्या मतलब है?

रोहन, 14

उ. बूट कैंप सर्किट अधिक गहनता वाले स्ट्रैंथ तथा कर्डियो एक्सरसाइज का मेल है, जो आपके फिटनेस स्तर को चुनौती देने के लिहाज से बनाया जाता है। इसमें आप लगातार एक के बाद एक कसरत करते हैं व बीच में विश्राम के लिए कोई समय नहीं होता। यहां आप चैलेंज्ड होते है। क्योंकि आप अपना हार्ट-रेट ऊंचा रखने की कोशिश करते हैं। इनमें से कई व्यायाम बिल्कुल एडवांस होते हैं इसलिए अपनी सुरक्षा पर ध्यान दें व स्वयं को चोट लगने से बचाएं।

प्लस प्वाईंट

- पूरे शरीर के वर्कआउट के हिसाब से हो सकते हैं।
- महंगे जिम उपकरण नहीं चाहिए।
- आपके गोल्स व फिटनेस जरूरत के हिसाब से कस्टमाइज्ड हो सकते हैं।

खिलाड़ियों के लिए सर्किट ट्रेनिंग : यदि आप एक खिलाड़ी हैं तो यह एक अच्छा चुनाव होगा। कोच से कहें कि वह आपकी जरूरतों के हिसाब से प्रोग्राम डिजाइन करें, जैसे सॉकर के लिए बनी सर्किट ट्रेनिंग, रनर के लिए बनी सर्किट ट्रेनिंग से अलग होगी।

सर्किट ट्रेनिंग स्टेशनंस का उदाहरण

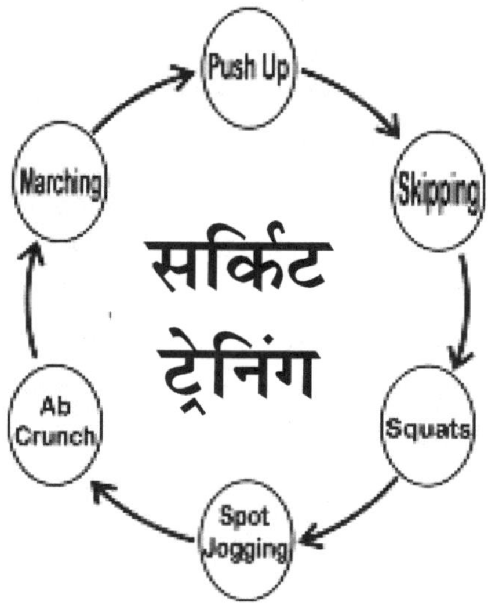

16

अतिरिक्त आहार लें या नहीं?

क्या आपको अतिरिक्त आहार (सप्लीमेंट) की जरूरत है? हो भी सकती है और नहीं भी। जानने के लिए इस सवाल का जवाब दें। क्या आपको आहार से पूरा पोषण मिलता है? क्या खेल-कूद में हिस्सा लेने के कारण डाक्टरी सप्लीमेंट बढ़ाने पड़ते हैं।

सप्लीमेंट चाहिए या नहीं, किसी फिजीशियन या न्यूट्रीशियन की सलाह लें। अंधाधुंध इस्तेमाल से शरीर को हानि होगी व कई तरह के दुष्प्रभाव झेलने पड़ सकते हैं। कोई भी खतरा मोल न लें।

क्या आप जानते हैं ? अंतर्राष्ट्रीय रूप से मान्यता प्राप्त हेल्थ व फिटनेस संस्थाएं, बाजार में मिलने वाले सप्लीमेंट (चूर्ण/गोली) की सलाह नहीं देते। स्वास्थ्य विशेषज्ञों की सलाह है कि मांसपेशियां बनाने व स्वास्थ्य में सुधार के लिए संतुलित पोषण व फिटनेस ट्रेनिंग लेना जरूरी होता है।

प्रोटीन : लाभ व हानि

प्रोटीन को ले कर भी कई तरह की धारणाएं बन गई है। कुछ लोग तो प्रोटीन को ऐसा वंडर फूड मानते हैं जो शरीर को किसी सुपर हीरो जैसा बना सकता है। माफ करें, ऐसा होता नहीं है। अधिक मात्रा में प्रोटीन लेने से, शरीर में वसा के रूप में जमा हो जाएगा।

लैब रिपोर्ट

मांसपेशी उत्तकों में 70 से 80 प्रतिशत तक जल व 20 प्रतिशत प्रोटीन होता है। प्रोटीन की खपत से मसल मास नहीं बढ़ता है। मसल को बढ़ाने के लिए निरंतर ट्रेनिंग की आवश्यकता होती है।

यह भी कहा जाता है कि सक्रिय व्यक्तियों तथा खिलाड़ियों को आम आदमी की तुलना में प्रोटीन की अधिक मात्रा की आवश्यकता होती है। यह भी सच नहीं। यदि आप एक सक्रिय किशोर हैं तो आपको प्रति दिन के हिसाब से, शरीर के प्रति 1 कि. भार के हिसाब से 1 ग्राम प्रोटीन चाहिए। यदि सचमुच खिलाड़ी हैं तो 1 से 1.5 ग्रा. प्रोटीन प्रति कि. शरीर वजन के अनुसार काफी होगा।

अगर आप शाकाहारी हैं और कोई कहता है कि इसी वजह से आपमें प्रोटीन की कमी है, तो इस पर विश्वास न करें।

प्रोटीन केवल जंतु स्त्रोतों से नहीं मिलता। बींस, मटर व मूंगफली आदि प्रोटीन के बेहतरीन स्त्रोत हैं, यदि अनाज के साथ लिए जाएं तो और अच्छा रहेगा।

संतुलित आहार से आप पर्याप्त मात्रा में प्रोटीन पा सकते हैं। दूध, दूध के उत्पाद, मांस व अंडे आदि प्रोटीन के संपूर्ण स्त्रोत हैं। वेज प्रोटीन के साथ आपको दूसरे पदार्थ भी लेने चाहिए। अनाज, दालें, मेवे (साबुत गेहूं में बादाम), मूंगफली व अंकुरित अनाज आदि श्रेष्ठ वैज प्रोटीन स्त्रोत हैं।

दही का पानी भी अच्छा है?

पनीर बनाने के बाद बचे पानी में काफी अमूल्य प्रोटीन होते हैं, जैसे लेक्टिक एसिड, जो कि पाचन में सहायक होता है। आप सूप/कोल्ड शेक्स में इसे मिला कर ले सकते हैं।

अपना वजन जांचे और फिर कि.ग्रा. में बदलें।

यहां दिए गए चार्ट से जानें कि आपको कितना प्रोटीन लेना चाहिए।

1 कप दूध	8 ग्राम प्रोटीन
1 कप दही	8 ग्राम प्रोटीन
1 अंडे की सफेदी	7 ग्राम प्रोटीन
1 स्लाइस ब्रेड व पीनट मक्खन	6 ग्राम प्रोटीन
चिकन, ब्रेस्ट, हाफ	30 ग्राम प्रोटीन

आपकी जानकारी के लिए बता दें कि इस सूची का जोड़ 51 ग्राम है।

अतः यदि वजन 50 कि. के करीब है तो यही आपके लिए, एक दिन की कुल प्रोटीन खपत होगी।

विटामिन व मिनरल सप्लीमेंट

फल व सब्जियों से भरपूर संतुलित आहार शरीर को भरपूर विटामिन मिनरल देता है। यदि इनके सप्लीमेंट लेने भी हों तो डॉक्टर की राय से लें।

क्रिस्टाइन एलर्ट

क्या आप जानते हैं कि क्रिस्टाइन क्या होता है। यह स्केल्टल मसल में पाया जाता है, शरीर मसल कांट्रेक्शन के लिए इसका इस्तेमाल करता है। इन सभी में क्रिस्टाइन होता है। यह कम समय के कड़े परिश्रम से अच्छे नतीजे देता है। आहारीय क्रिस्टाइन मांस व फिश में होता है।

इसके कारण वजन बढ़ना, पेट में ऐंठन, लीवर या किडनी को नुकसान जैसी हानियां हो सकती हैं। किशोरों को सलाह दी जाती है कि वे इस सप्लीमेंट का प्रयोग न करें क्योंकि इसकी सुरक्षा संदेहास्पद है।

एनाबॉलिक स्टीरॉयड वार्निंग

ये हारमोन टेस्टोसटेरॉन की सिंथेटिक कॉपी होते हैं। खिलाड़ी व खासतौर पर बॉडीबिल्डर्स इन्हें लेने के लिए ललच सकते हैं क्योंकि इनसे मसल के साइज, स्ट्रैंथ व स्टेमिना, तीनों में ही वृद्धि होती है। सच तो यह है कि ये अवैध प्रदर्शन वृद्धि देने वाले पदार्थ हैं जो शरीर को स्थायी तौर पर नुकसान कर सकते हैं। इनके संभावित परिणामों में, रक्तचाप का बढ़ना, अवसाद, आक्रामकता, लिवर का कैंसर व कॉलेस्ट्रॉल में वृद्धि भी शामिल है।

17

क्या लड़कियों को वेट उठाना चाहिए?

बढ़ती उम्र की लड़कियों द्वारा वजन उठाना, प्राय: एक चर्चा का विषय रहा है। मेरी जिम क्लास में, अक्सर माताएं पूछती हैं कि क्या उनकी लड़कियाँ वेट उठा सकती हैं, जबकि इस क्षेत्र में पुरुषों का वर्चस्व है और भगवान न करे कहीं उनकी लड़कियों के बाईसैप बन गए तो? या वे डब्लयू-डब्लयू एफ की फीमेल रेस्लर लगने लगीं तो?

जब भी कोई मुझसे इस बारे में पूछता है तो मुझे उसे तसल्ली देने में खुशी महसूस होती है। बिपाशा से लेकर शिल्पा शेट्टी तक कई बॉलीवुड दीवास, नियमित रूप से वेट उठाती हैं।

मतलब आप उनका मजबूत व शेप में गढ़ा शरीर देखें ताकि पता लगा सकें कि सुपर हॉट बॉडी का क्या राज है।

मैं अपना ही उदाहरण देती हूं। मैं एक प्रतियोगी तैराक थी व चौदह साल की आयु में, मेरे कोच सल्वाराज ने सलाह दी कि मुझे मसल बनाने चाहिए ताकि फिटनेस के पूरे स्तर में सुधार हो सके। उन दिनों यह बात अनसुनी सी थी कि एक लड़की को मसल स्ट्रैंथ के लिए वेट उठाने को कहा जाए।

मैंने अपनी चिंता जाहिर की तो वे बोले :- स्ट्रैंथ एक्सरसाइज से तुम्हारे फिटनेस के स्तर में जो बदलाव आएगा, उसे देखकर तुम हैरान हो जाओगी। इससे तुम भारी नहीं होगी क्योंकि उसके लिए तुम्हारे पास अनिवार्य हारमोन नहीं है। मैंने पूछा :- पर अभी तो मेरा विकास हो रहा है। क्या इससे विकास पर असर नहीं होगा।

उन्होंने कहा :- बढ़ रही हड्डियां, अठारह साल की उम्र के बाद बढ़ना बंद कर देती हैं। उन्हें अभी से मजबूत बनाने का विचार बुरा नहीं है। फ्री हैंड कसरत से शुरू करते हुए हल्के वेट पर आओ। सही तकनीक के साथ व्यायाम करो व पूरी डाइट लो।

मैंने उनकी सलाह मानी और मेरे तैराकी स्ट्रोक में भी सुधार हुआ। कई साल बीत गए और मैंने मुड़ कर नहीं देखा। मैं आज भी स्ट्रैंथ ट्रेन हूं और अपने कोच की भविष्यवाणी के अनुसार प्रसन्न भी हूं।

तो लड़कियों को स्ट्रैंथ ट्रेन क्यों होना चाहिए?

यदि आप शरीर की फालतू वसा घटा कर स्ट्रैंथ व ताकत पाना चाहती हैं तो स्ट्रैंथ ट्रेनिंग अवश्य लें। युवती खिलाड़ियों के भी खेल में सुधार होगा व चोट लगने की संभावना घटेगी। याद रखें कि मसल मास में वृद्धि से अधिक स्ट्रैंथ मिलेगा - 30 प्रतिशत से अधिक तक मसल पावर।

शुभकामनाएं! आपके डौले नहीं बनेंगे क्योंकि लड़की होने की वजह से आपके पास मसल हाइपर ट्राफी के लिए सुनिश्चित हारमोन नहीं है। आपके आत्मविश्वास के स्तर में वृद्धि अवश्य होगी व एक सुगठित शरीर पा सकेंगी।

लैब रिपोर्ट

मसल मास बढ़ने से मेटाबॉलिक बढ़ेगा तथा वसा को घटाने में मदद मिलेगी। हर पौंड मसल में वृद्धि से आप प्रति दिन 35 से 50 कैलोरी अधिक व्यय कर पाएंगे।

18

फिटनेस मूल्यांकन

यदि कोई दोस्त पूछे कि आप कितने फिट हैं तो आप क्या कहेंगे। क्या आप जानते हैं कि अपने फिटनेस के स्तर को कैसे मापना चाहिए? क्या आपको पता है कि फिटनेस को परिभाषित करने का मापदंड क्या है?

फिटनेस स्केल पर आप कितने फिट हैं, यह जानना भी एक रोचक अनुभव हो सकता है। हो सकता है कि आप अपने स्ट्रैंथ अपेक्षाओं में वृद्धि देखकर चौंक जाएं या यह देख कर सदमा खा जाएं कि आपमें सोच की कितनी कमी है। नतीजा चाहे जो भी हो, कोई भी एक्सरसाइज प्रोग्राम या खेल आरंभ करने से पहले लेवल का पता लगा लें। इससे आपको अपने दैनिक प्रदर्शन व प्रगति के मूल्यांकन का अवसर मिलेगा।

एक जिम हेल्थ क्लब या डॉक्टर भी पूरी फिटनेस का मूल्यांकन कर सकता है पर अगर आप फिटनेस स्टेट्स के बारे में जानना चाहते हैं तो आप अभी से शुरू कर सकते हैं। यहां दिए गए टेस्ट करें व फिटनेस के स्तर जान लें। छः सप्ताह के बाद फिर से जांचे ताकि रिकॉर्ड बना सकें व सुधार का पता लगा सकें।

बॉडी कंपोजिशन जांचें

अपना वजन माप लें। कमर, नितंब, छाती व कंधों का माप नोट करें।

एरोबिक क्षमता जाचें

यह शारीरिक फिटनेस का सबसे महत्वपूर्ण सूचक है क्योंकि यह स्पीड व स्टेमिना द्वारा आपके कार्डियोवस्क्युलर व रेस्पीरिटेरी तंत्र की क्षमता का पता लगाता है।

वाकिंग/ रनिंग असेसमेंट

ट्रेडमिल पर या घर के बाहर 2 कि मी. दौड़े। पूरी गति से दौड़ें व टाइम रिकार्ड करें। पहले पांच मिनट तक चल कर स्वयं को वार्म अप कर लें।

सहनशक्ति व ताकत जांचे

शरीर के विभिन्न मांसपेशी समूह की शक्ति व क्षमता जांचे। इसके लिए कई तरह के टेस्ट हैं। जैसे एब्स रीजन, द अपर बॉडी एंड लोअर बॉडी, ये सभी अलग-अलग तरह की मसल्स के लिए होते हैं।

एब क्रंच असेसमेंट (पेट के लिए)

पेट की मांसपेशियों की मजबूती भी बहुत मायने रखती है। यह टेस्ट उनकी व हिप क्लेक्सोर मसल्स की क्षमता जांचता है। उद्देश्य यही हो कि आप 1 मिनट में जितने संभव हो सकें, क्रंच करें। नंबर रिकार्ड करें।

कुशनयुक्त फर्श पर लेटें, घुटनें समकोण पर मुड़े हो, पांव जमीन पर टिके हों। हाथ थाईस (जांघों) पर होने चाहिए। पेट को सिकोड़े, पीठ को सीधा करें व कंधों को उपर की तरफ उठाएं, उस समय आपके हाथ जांघों के कोनों से होते हुए घुटनों के उपरी हिस्सों को छुएं। अपनी गर्दन व सिर

से न खींचें, पीठ के निचले हिस्से को फर्श पर टिका रहने दें। फिर पहले वाली मुद्रा में आ जाएं।

शरीर के उपरी हिस्से के लिए पुश-अप मूल्यांकन

यह टेस्ट शरीर के उपरी हिस्से की शक्ति व क्षमता जांचें। शरीर के उपरी हिस्से को मजबूत करना चाहिए ताकि अच्छा पोस्चर कायम किया जा सके। इस टेस्ट के दौरान लगातार पुश-अप किए जाते हैं। 1 मिनट में कितने पुश-अप कर सकते हैं। नंबर रिकॉर्ड कर लें।

लड़कों को स्टैंडर्ड मिलट्री पुश-अप पोजीशन का इस्तेमाल करना चाहिए। जिसमें केवल हाथ व पैर के पंजे ही फर्श को छूते हैं। लड़कियों को वैट नी पोजीशन इस्तेमाल करनी चाहिए। इसके लिए फर्श पर घुटनों के बल बैठें, हाथ छाती के दोनों ओर हों व पीठ सीधी रहे।

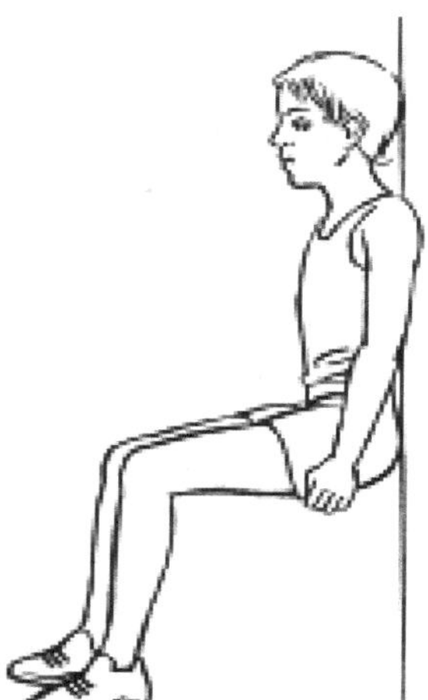

शरीर के निचले हिस्से के लिए वाल एक्वैट मूल्यांकन

शरीर के निचले हिस्से की क्षमता जांचने के लिए, शरीर को दीवार के सहारे लाकर ऐसी मुद्रा बनाएं, मानों आप कुर्सी पर बैठे हैं।

अपनी पीठ को दीवार से सटाएं व स्वयं को धीरे-धीरे नीचे लाएं, ताकि टांगे 90 के कोण पर आ जाएं व आप उकड़ू मुद्रा में आ जाएं। अपने पांव जमीन पर टिका कर रखें व ध्यान दें कि सतह पर फिसलन न हो। आप

कितनी देर तक इस मुद्रा में रह सकते हैं। समय नोट करें।

लोच की करें जांच :

यह टेस्ट जोड़ों की लोच को जांचता है। जिसमें मस्ट्रिंग व पीठ के निचले हिस्से पर खास ध्यान दिया जाता है।

हैमस्ट्रिंग व लोअर बैक स्ट्रेच

दीवार की तरफ पीठ करके बैठें। टांगे एक साथ सामने फैली हों। अपने हाथ आगे ले जाएं व पंजे छूने की कोशिश करें। देखें कि आपके हाथ कहां तक पहुंच पाते हैं।

19

वार्म अप और कूल डाउन

एक वार्म-अप शरीर के लिए जरूरी शुरुआत है

अगर आप ड्राइव करना सीख रहे हैं तो आपको पता होगा कि कार का ठंडा इंजन काम नहीं करता। आपका शरीर भी ऐसा ही है। इसे भी किसी काम को पूरी क्षमता से करने के लिए वार्म-अप करना पड़ता है।

वार्म-अप से होता क्या है? वार्म-अप से धीरे-धीरे हृदय की गति बढ़ती है व रक्त संचार में तेजी आती है। यह आपके कार्डियो-श्वसन तंत्र को तैयार करता है व मांसपेशीय ढांचे को भी व्यायाम के लिए तत्पर बनाता है। याद रखें कि आपको धीरे-धीरे व्यायाम आरंभ करते हुए, उसे गहनता तक ले जाना चाहिए।

वार्म-अप में पांच मिनट की हल्की गतिविधि शामिल होनी चाहिए जैसे चहलकदमी, स्पॉट-मार्निंग, घुटने हिलाना या जॉगिंग।

शरीर के इंजन को कूल डाउन करें

शरीर को कूल डाउन करने की प्रक्रिया भी उतना ही महत्व रखती है। यदि कूल - डाउन किए बिना ही व्यायाम बंद कर देंगे तो रक्त चाप में अचानक

गिरावट आएगी। आपको पेट में संकुचन या सिर चकराने की शिकायत भी हो सकती है। वार्म-अप की तरह इस प्रक्रिया को भी पांच मिनट चाहिए।

5-10 मिनट तक अपने व्यायाम को धीरे-धीरे सम पर ले आएं तो यह प्रक्रिया पूरी हो जाएगी।

कूल-डाउन के दौरान ही स्ट्रैच करना चाहिए। इस समय मांसपेशियां गर्म होती हैं इसलिए उनकी लोच आसान हो जाती है व हृदयगति भी सामान्य हो जाती है।

इस दौरान मांसपेशियों में बनने वाला मेटाबोलिक व्यर्थ : जैसे लेक्टिक एसिड भी निकल जाता है।

20

लड़कों की विश लिस्ट

ओ के! गाईज़! आप लोगों को यह सेक्शन बेहद पसंद आने वाला है। यहां आप 6 पैक एब्स और पावर पैक्ड बाईसैप बनाने का तरीका सीखने वाले हैं।

मैं सचमुच टोंड दिखना चाहता हूं...मेरी एब्स खूबसूरती से दिखें, शरीर का उपरी हिस्सा चौड़ा व टांगें मजबूत हों। मैं चाहता हूं कि जब बीच पर या किसी सोशल इवेंट में जाऊं तो सभी की नजरें मुझ पर टिकी रहें।

–रोहित, 17

6 पैक एब्स

6 पैक एब्स बनाने व पेट से फालतू चर्बी घटाने के लिए, सबसे पहले आपको जानना होगा कि आपके पेट की मांसपेशियां कहां स्थित हैं ताकि आप प्रभावी तौर पर उन्हीं मांसपेशियों पर केंद्रित हो सकें।

रैक्टस एबडांमीनस

यही फेमस 6 पैक हैं। यह एक लंबी शीप है, जो आपके स्टरनम से प्यूनिक बोन तक जाती है।

बाहरी व भीतरी ओब्लीक

जब आप धड़ मोडते हैं या एक ओर मुड़ते हैं, तो आप अपने ओब्लीक्स पर काम कर रहे हैं।

ट्रांसवर्स एबडोमीनस

यह गहरी भीतरी मांसपेशी रैक्टस एबडोमीनस व ओब्लीक से हो कर गुजरती है। यह आपके मिड-सैक्शन के लिए खास खिलाड़ियों में से हैं।

फैक्टर्स

प्र. यदि रोज सौ क्रंच करूं तो क्या बिल्कुल सुडौल पेट हो जाएगा।

उ. स्वयं को इतना कष्ट न दें। दरअसल आपकी एक्सरसाइज की गुणवत्ता उनकी गितनी से ज्यादा महत्व रखती है। 100 क्रंच करने का, पागलपन करने की बजाए, अलग-अलग तरह के व्यायामों पर ध्यान दें। विभिन्न मांसपेशियों को विभिन्न रूपों में चुनौती दें।

प्र. मैं टोंड पेट पाने के लिए जिम जाता हूं। पर जब ट्रेनर बार-बार कहता है कि मुझे पीठ को मजबूती देनी होगी तो मैं खीझ जाता हूं। क्या यह सही है?

उ. हां, आपका ट्रेनर सही कह रहा है। शरीर का मांसपेशीय संतुलन बनाए रखने के लिए मजबूत पीठ व एब्स दोनों का होना आवश्यक है। अगर सिर्फ एब्स को ट्रेन किया व पीठ भूल गए तो बैक मसल कमजोर रह जाएगी।

प्र. मैं पंद्रह साल का लड़का हूं पर पेट पर जमा फालतू चर्बी नहीं घटा पा रहा हूं, मदद करें।

उ. आपको यह जान कर हैरानी होगी कि आपकी उम्र के कई लड़के इस परेशानी से जूझते हैं। देखिए, अगर मसल्स वसा की परत के नीचे हैं तो उन्हें ट्रेन करने से कोई लाभ नहीं होगा क्योंकि कोई उन्हें देख नहीं सकता। पेट की फालतू चर्बी घटाने का तरीका यही है कि आप ली जाने वाली कैलोरी की मात्रा घटाएं व कैलोरी खर्च करने के लिए कार्डियोवास्क्युलर व्यायाम करें।

पूरी बुद्धिमता से ट्रेन करें। विविध व्यायाम करें। पारंपरिक एब्स व्यायामों के अलावा पाइलेट्स, योगा, खेल व फिट बॉल ट्रेनिंग को भी शामिल करें। 48 घंटे के दौरान, एक सा वर्कआउट न दोहराएं। शरीर की दूसरी मांसपेशियों की तरह एब्स मसल्स को भी सत्रों के दौरान विश्राम चाहिए।

एब्स एक्सरसाइज

ट्रेनिंग फ्रीक्वेंसी : सप्ताह में दो दिन (लगातार नहीं)1 से 3 सैट

प्रति दिन

15 दोहराव प्रति सैट

एवडॉमीनल क्रंच

पीठ के बल घुटने मोड़ कर लेटें व हाथ सिर के पीछे टिकाएं। कंधे फर्श से उठाएं और फिर नीचे टिका लें।

चुनौती

टांगे फर्श से ऊंची उठाएं व घुटने 90^0 के कोण पर हो।

रिवर्स कर्ल

पीठ के बल लेटें, घुटने 90^0 के कोण पर लाएं। धड़ को स्थिरता देने के लिए एब्स सिकोड़ें, हिप्स व घुटने छाती के पास लाएं। फिर धीरे-धीरे पहले वाली स्थिति में आएं।

बदलाव : इस व्यायाम को एक इंक्लाइंड बैंच पर करें।

ओब्लीक सीज़र्स

पीठ के बल लेटें, घुटने मोड़ कर 90 के कोण पर लाएं। सिर के पीछे हाथ रखें व गर्दन को सहारा दें। एब्स सिकोड़ें व कंधों को फर्श से उपर उठाएं। बाएं कंधे को दाएं घुटने की ओर लाते हुए और फिर दाएं कंधे को बांए घुटने की ओर लाते हुए अपने ओब्लीक मसल्स का प्रयोग करें।

बदलाव : टांगें बाईसाईकिल जैसी मूवमेंट में फैलाएं।

द प्लैंक : पेट के बल लेटें। कोहनियां मुड़ी हों व कमर के पास हों पूरे शरीर को उपर की ओर प्लैंक करें। सारा शरीर फर्श से समानांतर उठा हो तथा बाजू के अगले हिस्सों व पंजों पर टिका हो। इस पोजीशन को बनाए रखने

के लिए अपने पेट पर पीठ की स्ट्रैंथ का प्रयोग करें। 30 से 60 सेकेंड तक यूं ही रहें। फिर धीरे-धीरे सामान्य मुद्रा में आ जाएं।

बैक एक्सेटेंशन : पीठ के बल लेटें व अपने हाथ लोअर बैक पर रखें। शरीर के उपरी हिस्से को फर्श से उंचा उठाएं। आंखें व चिबुक फर्श पर आरामदायक स्थिति में रहें। फिर धीरे से पहली मुद्रा में आ जाएं।

बदलाव : साथ ही अपनी टांगें भी फर्श से उपर उठाएं।

प्र. कृपा वे एब्स एक्सरसाइज बताएं जो जिम मशीनों पर हो सकें।

– अर्जुन, 17

– आप एब्स क्रंच मशीन, हैंगिंग लैग रेज़ व बैच रिवर्स कर्ल का प्रयोग कर सकते हैं। अपने ट्रेनर से कहें कि वह आपको उचित तकनीक से व्यायाम करवाएं।

पूरी तरह से सुगढ़ बाई सैप्स

जब आप अपने बाई सैप्स में स्ट्रैंथ व डेफीनेशन लाते हैं तो बाजुएं सुंदर लगती है। बाजू में हल्का तनाव लाकर उठाने से वे डोले देखे भी जा सकते हैं।

फिट फैक्ट : अपनी ट्राई सैप्स को भी मजबूती देना न भूलें क्योंकि सुडौल बांहों के लिए इन दोनों की ही आवश्यकता होगी।

बाई सैप व ट्राई सैप एक्सरसाइज

ट्रेनिंग फ्रीक्वेंसी : 2 दिन प्रति सप्ताह (लगातार नहीं)
1 से 3 सैट प्रति दिन
15 दोहराव प्रति सैट

बाईसैप कर्ल : दोनों हाथों में वजन लें, हथेलियां बाहर की ओर हों। कोहनियां मोड़ें, बाईसैप में तनाव देते हुए, हाथ उपर की तरफ उठाएं।

बदलाव : पहले की तरह ही व्यायाम करें पर इस बार वजन ऐसे उठाएं, जैसे हथौड़ा उठाते हैं, हथेलियां एक-दूसरे की ओर हो।

ट्राई सैप एक्सटेंशन : यह बाजू के उपरी हिस्सों का व्यायाम है जो बाजू के पिछले हिस्सों के लिए काम करता है। इन्हें भी मजबूती देना जरूरी होता है।

दोनों हाथों में भार पकड़ें एक ही वेट का प्रयोग करें। बाजू फैलाएं व कोहनियां मोड़ें व धीरे से वेट को सिर के पीछे ले जाएं। फिर बाजुएं पहली स्थिति में वापिस ले जाएं।

ट्रेनिंग टिप : बाजुएं कानों के पास रखें व वजन को नियंत्रित गतिविधि के साथ, धीरे से नीचे लाएं।

प्र. मैं जिम मशीनों पर कोन से आर्म एक्सरसाइज कर सकता हूं?

– देव, 17

– बाईसैप के लिए वाईसैप कर्ल पुली का प्रयोग करें। बाईसैप रिवर्स कर्ल या प्रीचर कर्ल मशीन, इंक्लाइन बैंच बाइसैप कर्ल या क्लोज़ ग्रिन चिन-अप्स का भी प्रयोग कर सकते हैं। ट्राईसैप्स के लिए पुली पुश डाउन या ट्राई सैप एक्सटेंशन मशीन का प्रयोग करें। ट्रेनर से कहें कि वह आपको इस्तेमाल की उचित तकनीकें सिखाएं।

वी शेप्ड बॉडी : जरा ऋतिक रोशन के बारे में सोचें और तब आप जान पाएंगे कि परफेक्ट वी शेप की बॉडी क्या होती है। उसके लिए आपको अपने कंधों, पीठ व चेस्ट पर काम करना होगा। आपके उपरी शरीर में मांसपेशियों का जटिल जाल है, जिनके लिए लिफ्टिंग, पुशिंग व पुलिंग करनी चाहिए एक बार अगर आपने नियमित व्यायाम सत्र में स्ट्रैंथ बना ली तो शरीर के उपरी हिस्से में स्वयं ही फर्क देख पाएंगे।

एक्सरसाइज

ट्रेनिंग फ्रीक्वेंसी – 2 दिन प्रति सप्ताह (लगातर नहीं)

1 से 3 सैट प्रति दिन

1 से 5 सैट प्रति दिन

कंधों के व्यायाम :

शोल्डर प्रेस : सीधा तन कर खड़े हों। हथेलियों में वजन लें। कोहनियां हल्की मोड़ें, हाथ उपर की ओर लें जाएं व फिर नीचे कर लें।

चेस्ट एक्सरसाइज

चेस्ट फ्लाई : चटाई पर लेटें व घुटने मोड़ लें। हाथों में वेट उठा कर, बाहें छाती के ऊपर फैलाएं, कोहनियां हल्की मुड़ी हो। बाहें किनारों

की ओर खोलें, ताकि कोहनियां कंधों की सीध में आ जाएं, फिर चेस्ट के पास लौट आएं।

पुश-अप्स : पुश-अप्स पोजीशन में आएं। बाजुएँ कंधों की चौड़ाई से

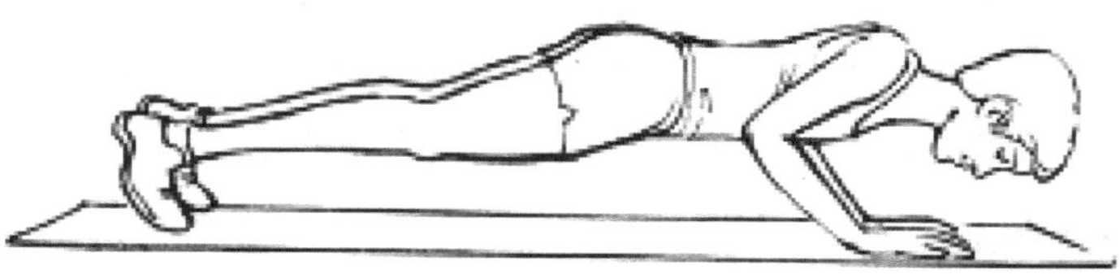

थोड़ी ज्यादा खुली हो। पीठ, नितंब, व टांगे एक सीध में रहें। कोहनियां मोड़ें व छाती को नीचे फर्श तक लाएं, फिर उपर ले जाएं।

बैक एक्सरसाइज

बैंट ओवर रो तन कर खड़े हों। नितंबों से हल्का सा झुके। पीठ, गर्दन व सिर एक सीध में रखें। हाथों में वजन उठाएं। धीरे से हाथ उपर करें। (घुटने से

नितंबों के स्तर तक) व शोल्डर ब्लेड के संकुचन पर केंद्रित रहें। फिर पहले वाली मुद्रा में आ जाएं।)

प्र. क्या जिम मशीनों की मदद से वी-शेप बॉडी पा सकते हैं ?

–अजय, 16

– शोल्डर के लिए शोल्डर प्रेस मशीन या फ्रंट व लेटरल रेज़िस के लिए पुली इस्तेमाल कर सकते हैं। चेस्ट के लिए आप वर्टिकल चेस्ट प्रेस, बैंच प्रेस, केवल क्रास-ओवर या इंक्लाइन -डिक्लाइन बैंच प्रेस इस्तेमाल कर सकते हैं। बैक के लिए लाट पुल डाउन, वाइड ग्रिप पुल-अप या सीटिड से प्रयोग में लाएं।

ट्रेनर से कहें कि वह व्यायाम करने की उचित तकनीक सिखाएं।

टोंड लैग्स

कुछ पावर मसल ग्रुप आपके शरीर के निचले हिस्से में भी है। आप चलने, दौड़ने, भागने व चढ़ने के लिए इनका प्रयोग करते हैं। अतिरिक्त मसल मास के साथ ताकतवर टांगे फिट व मजबूत रखने में सहायक होती हैं।

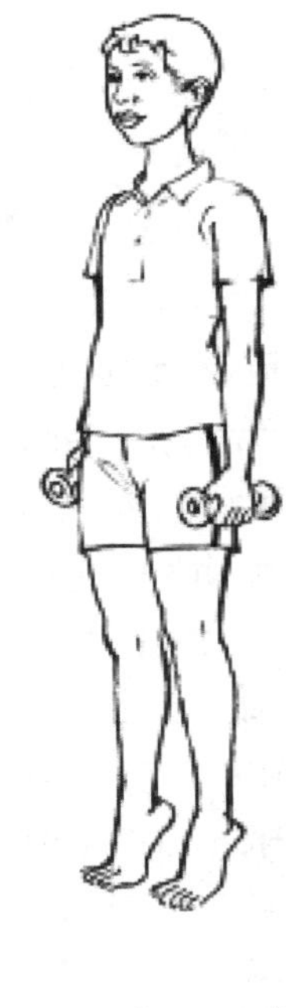

एक्सरसाइज

ट्रेनिंग फ्रीक्वेंसी - 2 दिन प्रति सप्ताह (लगातार नहीं)

1 से 3 सैट प्रतिदिन

15 दोहराव प्रतिदिन

कॉफ लिफ्टस :

तन कर खड़े हों। धीरे-धीरे पंजों के बल खड़े हों। पिंडली की मांसपेशियों में तनाव लाएं। फिर पंजे नीचे कर लें।

चुनौती :

एक टांग जमीन से उपर उठा कर व्यायाम करें। फिर दूसरी टांग से दोहराएं।

स्क्वैट्स : पैरों को, नितंबों की चौड़ाई जितना दूर रखें। घुटने 90^0 के कोण

पर मोड़े व खुद को झुका कर उकड़ू मुद्रा में लाएं। पीठ को न्यूटरल मुद्रा में रखें। झुकते समय घुटने पंजों से आगे न आएं। फिर पहली मुद्रा में लौट आएं।

पावर लुंगी : नितंबों की चौड़ाई जितनी दूरी पर पैर रखें। एक पांव आगे

ला कर, घुटने को 90^0 के कोण पर मोड़े व स्वयं को दिखाई गई मुद्रा में लाएं। फिर पहले वाली मुद्रा में आ कर, दूसरी टांग से दोहराएं।

साइड रेज : इस व्यायाम के लिए एक करवट लेटें, अपनी बाहरी जांघ को धीरे-धीरे उपर उठाएं व नितंब से उपर लें। फिर टांग नीचे कर लें। दूसरी टांग से भी दोहराएं।

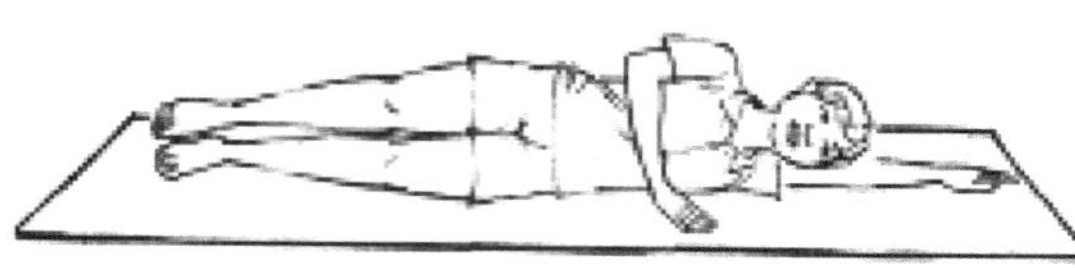

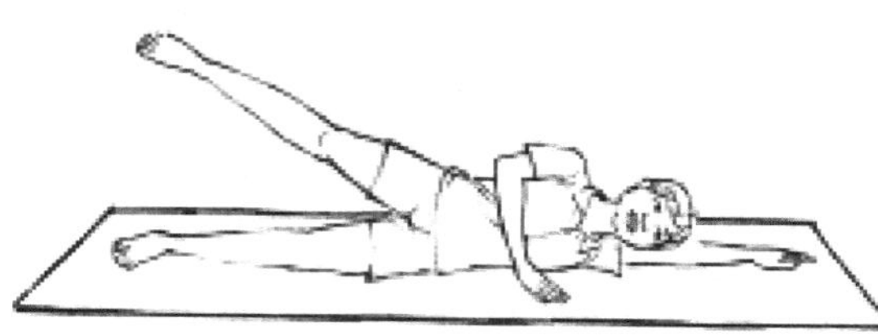

इनर थाई 'वी' : पीठ के बल लेट कर घुटने मोड़ें व पैर कंधों की चौड़ाई जितने खुले हों। टांगे उपर ले जा कर जांघें बाहर की ओर खोलें, वहीं रुकें, उन्हें पास लाएं, गति नियंत्रित व धीमी हो।

प्र. क्या जिम मशीनों से भी थाई के कुछ व्यायाम हो सकते हैं? कौन सी मशीनें प्रयोग में लाएं?

प्रिंस, 16

– आप लैग एक्सटेंशन, लैग कर्ल, लैग प्रेस, काफ मशीन, एबडक्टर व एबडक्टर मशीन इस्तेमाल कर सकते हैं।

21

लड़कियों की विश लिस्ट

मैं स्लिम दिखना चाहती हूं....मेरे एब्स फ्लैट होने चाहिए, कमर पतली व टांगे शेप में दिखनी चाहिए। मैं हर तरह के कपड़ों में फिट दिखना चाहती हूं, कहीं से भी फालतू चर्बी नहीं झलकनी चाहिए।

– **मेघा, 16**

साइज जीरो :

तुम तो काफी पतली दिख रही हो। अनु ने शाहीन से कहा उसने कहा : आज कल एक नई डाइट पर हूं। मैं बिल्कुल कुछ नहीं खाती। जब बेहोश होने की नोबत आ जाती है तो एक टुकड़ा चीज खा लेती हूं।

साइज जीरो इमेज वाले सुपर मॉडल वाले सुपरस्टार वे हैं जो पैंसिल सिलम हैं तथा हर फालतू पैंड पर नजर रखना ही उनका सबसे बड़ा काम है। ये एक लंबी लिस्ट है, जिसमें विक्टोरिया बैकहम से लेकर निकोली रिची, ब्रिटिश सुपरमॉडल केट मॉस से लेकर हमारी करीना कपूर व प्रियंका चोपड़ा तक शामिल हैं।

परंतु कई स्टार ऐसे भी हैं जो साइज जीरों की अवधारणा को सही नहीं कहते, लोगों ने जीरो साइज से काफी हद तक मुंह फेर लिया है, पतली दुबली मॉडल चाहे ही लोकप्रिय हों पर उन्हें कूल नहीं माना जाता।

तो अगर आप एक टीनएज लड़की हैं जो साइज जीरो बनना चाहती हैं तो थोड़ा गंभीरता से सोचें। स्वास्थ्य विशेषज्ञों का मानना है कि यह ईटिंग डिसऑर्डर टाइम बम से कम नहीं है। जो कि एनोरेक्सिचर या ब्रुली मिया तक ले जाता है। टीन एज लड़कियां छरहरी दिखने की चाहत में डाइट पिल्स खाती हैं व वजन नियंत्रण के अस्वास्लकट उपाय अपनाती हैं जैसे उल्टी करना, लेक्सेटिव लेना व खाना छोड़ देना आदि।

यदि आप भी सेहत की कीमत पर छरहरी दिखना चाहती हैं तो आपकी उर्जा का भंडार खत्म होते देर नहीं लगेगी व आप बीमार पड़ जाएंगी।

इसकी बजाए सुपर हॉट दिखने के लिए कुछ वास्तविक लक्ष्य तय करें। आपको अच्छी सेहत बनाए रखने के लिए पर्याप्त व पोषण चाहिए ताकि आप सबसे बेहतर दिख सकें। पतली होने के बाद वालों का गिरना व खराब त्वचा जैसी समस्याएं झेलनी होंगी। इससे जुड़ी कुछ समस्याओं पर नजर मारें :

- बालों का झड़ना
- शुष्क त्वचा
- पीरीयड्स न होना
- अनिद्रा
- एकाग्रता में कमी
- मूड के उतार-चढ़ाव
- हड्डिया पतली होना

क्या आप जानते हैं?

विक्टोरिया बैकहम ने पाबंदी लगा दी है कि जीरो साइज मॉडल उसके फैशन लेवल का प्रचार नहीं करेगी। शिल्पा शेट्टी भी कहती है कि समान्य रूप से खाना कहीं बेहतर होगा। वे कहती है। कि चाहे आपका नैचुरल वेट व शेप मॉर्डन ट्रेंड के हिसाब से न भी हो, तो भी उसे स्वीकारें।

यहां तक कि करीना कपूर का भी कहना है – मैं एक दिन में कई–कई घंटे काम करती हूं। मैं थक जाती हूं और फिर काफी पेट भर कर खाती हूं तो किसी भी दशा में यह मिथीकल साइज जीरो लुक बनाए रखना नामुमकिन है।

न स्ट्रैच मार्क्स और न ही सेल्यूलाइट

त्वचा के तेजी से खिंचने व वृद्धि के साथ–साथ स्ट्रैर्च मार्क्स हो जाते हैं जो कि वजन बढ़ने व प्यूवटी के दौरान एक आम बात है। यदि आपको अपने शरीर पर ऐसे निशान दिख रहे हैं तो आप अकेली नहीं है। कई लड़कियों को ब्रेस्ट, थाई व हिप्स आदि पर ये निशान होते हैं। वैसे लड़कों में भी यह समस्या हो सकती है। यदि आप मोटी हैं तो फिर निश्चित रूप से स्ट्रैचमार्क्स होंगे। अक्सर ये अपने–आप हल्के पड़कर खत्म हो जाते हैं।

सावधान

हो सकता है कि आप भी, सेल्यूलाइट क्रीमों के चक्कर में आ जाएं। बाजार में ऐसी टनों क्रीमें हैं, जो स्ट्रैच मार्क्स निकालने का दावा करती हैं पर सच तो ये है कि वे सब बेअसर हैं। आप किसी त्वचा विशेषज्ञ या प्लास्टिक सर्जन की मदद के बिना इन्हें बिल्कुल नहीं हटा सकती। यहां इस्तेमाल होने वाली तकनीक काफी महंगी होती हैं तथा किशोरों को उनके प्रयोग की सलाह नहीं दी जाती।

सेल्यूलाइट : सेल्यूलाइट मूलतः वस्त्र भंडार है जो त्वचा को डिंपल्ड बना देता है। इसे ऑरेंज पील सिंड्रोम या कॉटे चीज स्किन' भी कहते हैं। अगर आपको भी सेल्यूलाइट की दिक्कत हैं तो घबराएं नहीं, ये सभी लड़कियों तथा महिलाओं में किसी न किसी रूप में पाया जाता है।

लैब रिपोर्ट

80–90 प्रतिशत महिलाएं जीवन में कभी न कभी सेल्यूलाइट ग्रस्त होती हैं। हालांकि यह समस्या पुरुषों में नहीं पाई जाती। इसको लेकर चिंतित होने की जरूरत नहीं है।

यदि आप सेल्यूलाइट का जमाव घटाना चाहती हैं तो बेहतर होगा कि वजन पर काबू रखें। लो-फैट डाइट, नियमित व्यायाम व मसाल थैरेपी जैसे जीवनशैली कारकों के माध्यम से इसे घटा सकते हैं।

फिट टिप : जिस व्यायाम रूटीन में एरोबिक व्यायाम के साथ स्ट्रैंथ ट्रेनिंग भी शामिल हो, वह सेल्यूलाइट के लिए फायदेमंद हो सकता है।

सही आकार में जांघे थाईज :

सबसे पहले तो आपके शरीर के निचले हिस्से की मसल्स को टोन करना होगा। व मसल मास बढ़ाकर मेटावॉलिक दर तय करनी होगी। स्ट्रैंथ ट्रेनिंग लें ताकि शरीर अधिक मात्रा में कैलोरी घटा सके। अक्सर महिलाओं में नितंबों व जांघों के पास ही वजन बढ़ता है। अपने वजन पर काबू रखें।

लैब रिपोर्ट

शरीर के किसी भी हिस्से से फालतू चर्बी घटाने का यही तरीका होगा कि आप कैलोरी व्यय करें तथा वसा की कम मात्र लें। यदि वसा व चीनी घटा कर संतुलित आहार लेंगी। फल+सब्जी+साबुत अनाज व अंकुरित तो वजन घटाने व फिटनेस का स्तर बनाए रखने में आपको मदद मिलेगी।

लोअर बॉडी कार्डिओ शेपर्स

- जांघों व नितंबों को शेप में बनाए रखने के लिए सीढ़ियां या पहाड़ी चढ़ें।
- शरीर के निचले हिस्से की टोनिंग के लिए साईक्लिंग भी अच्छा उपाय है।
- किसी पंचिंग या स्पीड बैग से बॉक्सिंग मूव्स करें बाजुओं से पंच मारें तथा पैरों से किक करें।

टोंट लैग व्यायाम के लिए 'लड़कों की विशलिस्ट' नामक अध्याय देखें।

फ्लैट एब्स, कोई लव हैंडल नहीं

चाहें आप लो वेस्ट जींस पहने या ट्राउजर, साड़ी पहने या घाघरा आपकी वेस्टलाइन पर नजर तो जाती है।

एक फ्लैट टमी तो हर लड़की का सपना होता है। तभी तो किसी भी लड़की के फिटनेस प्रोग्राम में एबडॉमिनल ट्रेनिंग अवश्य शामिल होती है।

प्र. मैं अपने लव हैंडल्स से कैसे छुटकारा पा सकती हूं?

– प्रियंका, 15

– मिड–सेक्शन पर जमी वसा की परतें ही लव हैंडल्स कहलाती हैं। जिनमें वेस्ट तथा एब्स शामिल हैं। इस एरिया में सबसे ज्यादा वसा जमती है। आपके इन सभी अंगों पर काम करना होगा तभी उचित नतीजे मिल पाएंगे।

पेट की मांसपेशियों को ट्रेन करें :

अपने वर्क आउट में निरंतर बदलाव लाती रहैं। लड़कों की विश लिस्ट अध्याय से, एबडामिनल व्यायाम देखें।

खानपान की आदतों में सुधार :

संतुलित व पौष्टिक तथा स्वस्थ आहार लें। इसमें कोई दो राय नहीं कि खानपान का इन अंगों से गहरा नाता है।

कैलोरी घटाने के लिए कार्डियोवास्क्युलर व्यायाम शामिल करें :

जब तक वसा नहीं घटेगी। आपकी टोंड एबडॉमिनल मसलन वसा की परतों में छिपी रहेंगी। तभी तो यहां कैलोरी का व्यय अधिक महत्व रखता है।

फन टिप्स : साल्सा, रॉक एंड रोल या बैली डांसिंग आजमाएं। अपना मनपसंद संगीत लगाएं व उसकी ताल पर थिरकें।

22

मासिक धर्म के बदलाव

मेघा पंद्रह साल की खुशमिजाज लड़की थी। वह सक्रिय थी वह स्कूल में शैक्षिक रूप से भी ठीक थी पर अपने पीरियड्स से ठीक पहले वह भावनात्मक ज्वार में फंस जाती, मूडी व चिड़चिड़ी व मीठा खाने के लिए बेकाबू हो जाती।

वह पी एम एस के क्लासिक लक्षण झेल रही थी। जिसे प्री-मैस्ट्रयुअल सिंड्रोम भी कहते हैं। मेघा के इस अटपटे बर्ताव की मेडीकल व्याख्या दी जा सकती है। मासिक धर्म से पहले; शरीर के हारमोन, मस्तिष्क से मिलते हैं, जिससे मूड में उतार-चढ़ाव आता है।

इनके कारण आप रो सकती हैं, हंस सकती हैं या कुछ समय के लिए डिप्रेशन में भी जा सकती है। मूड का यह बदलाव अस्थायी होता है पर मेघा के आसपास के लोगों के लिए, इसे झेलना भारी पड़ जाता था।

जब मेघा को अपनी इस समस्या का पता चला तो वह उसका बेहतर तरीके से सामना कर सकी। डॉक्टर ने उसे ज्यादा मीठा खाने से मना किया...इससे मूड का रूप और भी बुरा हो जाता था। उसे अधिक मात्रा में पानी पीने, फल खाने व संतुलित आहार लेने की सलाह दी गई। मेघा ने वाकिंग की, डीप ब्रीदिंग के अलावा रोज स्ट्रेचिंग व्यायाम भी किए।

इस बार एक भारी परिवर्तन सामने आया। उन मुश्किल दिनों में भी, वह अपने उपर बेहतर तरीके से काबू रख सकी। उसके परिवार व मित्रों ने भी चैन की सांस ली।

अंदर की कहानी : मैं आपको बायोलॉजी का एक छोटा सा पाठ पढ़ाने जा रही हूं ताकि आपको यह जानने में मदद मिल सके कि आपके प्रजनन अंग कैसे काम करते हैं तथा इनके विषय में विस्तार से जानना इतना महत्वपूर्ण क्यों है?

नाशपाती के आकार के गर्भाशय में शिशु जन्म लेने से पहले विकसित होता है। यूट्रस दो ओवरी से जुड़ा होता है, जो एग व फीमेल हारमोन एस्ट्रोजन पैदा करती है। यूट्रस के दोनों तरफ फैलोपियन ट्यूबस होती हैं जहां स्पर्म का अंडे से मेल होता है। हर माह यूट्रस टिश्यू की मोटी लाइनिंग विकसित करती है ताकि शिशु के पोषण में मदद मिल सके। जब एग, मेल स्पर्म से फर्टीलाइज़ नहीं होता तो वह लाइनिंग तथा रक्त एक रास्ते से बाहर आ जाते हैं, जिसे हम वैजाइना (योनि) कहते हैं। यह डिस्चार्ज मैंस्टुरेशन या सादा शब्दों में मासिक पीरियड कहलाता है।

क्या आप जानते हैं

दो में एक किशोरी एनीमिक है? हर महीने पीरियड के दौरान खून जाता है। यदि आपने भरपूर मात्र में न खाया तो रक्त में आयरन की मात्र घट जाएगी व आप एनीमिक हो जाएंगी। इससे कमजोरी महसूस होगी व शरीर थका-थका रहेगा। चेहरे पर पीलापन भी आ सकता है।

आयरन से भरपूर खाद्य पदार्थ लें। यदि आयरन के साथ विटामिन सी लेंगीं तो इसका बेहतर अवशोषण होगा। आपको निम्नलिखित खाद्य पदार्थ लेने चाहिए :

मीट, फिश, चिकन
हरी पत्तेदार सब्जी/ब्रोकली
सीरीयल
मुनक्का, किशमिश, खुमानी, अंजीर और तरबूज

फिट टिप : एक सामान्य रूटीन रखें व पीरियड को अपने स्टाइल पर हावी न होने दें।

- पेट में ऐंठन होने पर गर्म पानी से नहाएं।
- व्यायाम व स्ट्रेचिंग से शरीर का रक्तसंचार सुचारू रहेगा।
- भरपूर मात्रा में पानी पीयें।

प्र. पीरियड के दौरान मेरी थाईज़, पीठ के निचले हिस्से व एब्स में इतना दर्द होता है कि मैं क्लासेज़ तक नहीं जा पाती, क्या करूं?

तनीषा, 16

उ. पेट के निचले हिस्से में ऐंठन, जांघों के उपरी हिस्से या पीठ में दर्द तो, मासिक धर्म के पहले कुछ दिनों में आम होता है। आप हीटिंग पैड, गर्म पानी की थैली, गुनगुने पानी के स्नान दर्द निवारक मलहम या नॉन-स्टीरायडल एंटी इंफ्लामेट्री ड्रग्स से आराम पा सकती हैं, जैसे इब्रूफेन (डॉक्टर की सलाह से) वैसे हल्के व्यायाम जैसे चलने व स्ट्रेचिंग से भी दर्द घटता है।

फिट फैक्ट : नियमित व्यायाम करने वाली लड़कियों को दर्द कम होता है। व्यायाम के लाभों के कारण पी एम एस के लक्षण भी इतने गंभीर नहीं रहते।

पीरीयड्स के दौरान अफारा

85 प्रतिशत लड़कियों को मासिक धर्म के दौरान अफारा महसूस होता है जो कि शरीर में हारमोनल बदलाव के कारण होता है।

कैफीन व चीनी की मात्रा घटाएं। ताजे फल व सब्जियां खाएं। नमक की मात्रा घटाएं। आठ से दस गिलास पानी पीएं। पानी शरीर से फालतू नमक की मात्रा निकाल देगा, जिससे अफारा होता है।

हरी चाय या हर्बल चाय से भी दर्द व अफारा में राहत मिलेगी।

बैक स्ट्रेस से राहत पाएं :

5 मिनट तक टहलें।

ताकि शरीर वार्म अप हो जाए फिर व्यायाम करें।

कैट स्ट्रेच

कैमल स्ट्रेच : हाथों-पैरों के बल खड़े हों। पीठ को धनुषाकार तानते हुए उसे 3 से 5 सेकेंड तक रखें। फिर पीठ को ऊंट के कूबड़ की तरह ऊंचा कर लें व उसे 3 से 5 सेकेंड तक रखें। पांच बार दोहराएं।

चाइल्ड पोज : एड़ियों पर बैठें व धीरे से आगे झुकें व माथा फर्श पर टेकें। बाजू शरीर के दोनों ओर हों। मसल्स को आराम दें व 10 सेकेंड तक यूं ही रहें।

हिप व लोअर बैक स्ट्रैच : पीठ के बल लेट कर घुटने मोड़ें व पांव कंधों की चौड़ाई जितने खुले हों। घुटनों के पीछे हाथ बंधे हो। फिर घुटनों को धीरे-धीरे छाती तक लाएं। इसी मुद्रा में विश्राम लें व फिर से रीढ़ की हड्डी को नीचे लाते हुए पहले वाली मुद्रा में लाएं। 10 सेकेंड तक वैसे ही रहें।

कॉबलर पोज : मोची जिस तरह बैठता है उसी तरह आप भी बैठें व घुटने मोड़ें। धीरे-धीरे पैरों को नमस्ते की मुद्रा में लाएं तथा जांघों के भीतरी हिस्से में खिंचाव महसूस करें। इस मुद्रा में 10 सेकेंड तक रहें।

23

महिला खिलाड़ी और सेहत

प्र. मैं एक सोलह वर्षीया लड़की हूं व स्कूल में होने वाले खेल-कूद में हिस्सा लेती हूं। मैंने 'फीमेल एथलेटिक ट्रायड' के बारे में सुना है। कृपया बताएं कि यह क्या है?

– आपकी सेहत के लिए खेल व कसरत दोनों ही अच्छे हैं लेकिन अगर आप एक फीमेल खिलाड़ी होने के बावजूद पतली होने पर ध्यान देंगी तो इससे सेहत को नुकसान हो सकता है स्केटिंग, राइडिंग या जिमनास्टिक की महिला खिलाड़ियों में यह खतरा अधिक होता है।

अगर कोई युवती खिलाड़ी अति करने लगे तो वह तीनों भीतरी या किसी एक रोग से पीड़ित हो सकती है। वे हैं :

अव्यवस्थित खानपान तथा व्यायाम

फ्रेश डाइटिंग, कम खाना या अधिक कसरत करने से शरीर को नुकसान हो सकता है।

मासिक धर्म संबंधी अव्यवस्था

कुपोषण, कैलोरी की कम मात्रा लेना, शारीरिक तनाव, शरीर में वसा की

कम मात्रा आदि से हारमोनल बदलाव हो सकते हैं, जिसके कारण पीरीयड नहीं होते, इसे एमेनोरिया (amenorrhea) कहते हैं।

ऑस्टियोपोरोसिस

पीरियड्स के अभाव में शरीर की हड्डी निर्माण प्रक्रिया नष्ट हो जाती है तथा हड्डियां कमजोर हो जाती है। अभी से काम करना शुरू कर दें : किसी भी समस्या की पहचान ही, समस्या समाधान का पहला कदम है। यदि आप स्वयं को इन तीनों में से , किसी भी एक रोग से पीड़ित मानती हैं तो डॉक्टर की सलाह लें।

24

क्या आप फिटनेस कार्यक्रम से उब गए हैं

दोस्तों के कई बार मना करने के बाद ही मुझे समझ आया कि लगातार झींकते रहने से समस्या हल नहीं होगी। मैं अपने जिस रूटीन की बात कर रही हूं। जो कि दिन व दिन नीरस होता जा रहा था, मुझे उसमें कोई आनंद नहीं आता था। मैं ट्रेडमिल पर दौड़ने की बजाए उससे दूर भाग जाना चाहती थी।

पता है फिर क्या हुआ? मैंने एक दिन तय किया कि यह सब छोड़कर किसी ऐसी गतिविधि में हिस्सा लूंगी, जिसमें मुझे मजा भी आए।

मेरी सबसे अच्छी दोस्त किक बॉक्स करती थी, मैंनें उसका साथ देने का फैसला किया। इसके बाद तो पसीने में लथपथ होकर किकिंग करने में भरपूर मजा आया। हम सप्ताह में तीन बार वर्कआउट करके और फिर मजे से जिलेटो या मिल्कशेक का स्वाद लेते।

- अनन्या, 14

एक तयशुदा फिटनेस रूटीन से उब गए हैं?

तैराकी, पावर वाकिंग, खेल या कुत्ते के साथ दौड़...कुछ भी चुनें। ये सब

गतिविधियां, अच्छा महसूस होने व दिखने में मदद करेंगी। जो भी व्यायाम करें, अपने वर्कआउट को मॉनीटर अवश्य करें ताकि अपनी प्रगति का अंदाजा लगा सकें। यहां कुछ टिप्स दिए जा रहे हैं, इन पर ध्यान दें।

शरीर को चुनौती देने के लिए अलग-अलग वर्कआउट चुनें :

अधिकतम लाभ पाने के लिए विविध व्यायाम करें। बॉल पर क्रंचिस करें, बैंच से पुश-अप करें, कोर बोर्ड का प्रयोग करें। याद रखें कि विभिन्न जिम उपकरण व गतिविधियां, शरीर के अलग-अलग हिस्सों के लिए काम करते हैं।

शरीर को उचित ईंधन दें : हो सकता है कि आप उर्जा के घटते स्तर को बोरडम मान लें इसलिए उर्जा के स्तर में वृद्धि के लिए भरपूर आहार लें।

दोस्त के साथ व्यायाम : साथी के साथ नियमित एक्सरसाइज रूटीन भी आनंददायक हो जाता है तथा प्रेरणा मिलती है।

ग्रुप वर्क आउट : चाहे किक बॉक्सिंग क्लास हो या स्टेप क्लास या कोई खेल। दूसरे लोगों के उत्साह की धूप आप तक भी आएगी। आप न केवल आनंद पाएंगे बल्कि लंबे समय के लिए प्रेरित भी रहेंगे।

रूटीन में माइंड-बॉडी व्यायाम भी शामिल करें

योग व प्राणायाम मन व शरीर का संतुलन बनाए रखते हैं तथा आपको सर से पैर तक रिलैक्स कर देते हैं।

25

डांस... डांस... डांस...

जिसने भी कहा है एक्सरसाइज एक जैसी व बोरियत भरी होती है, उसने शायद डांसिंग के बारे में नहीं सोचा। इस तरह के व्यायाम से न केवल हाई-एनर्जी वर्क आउट मिलता है बल्कि रचनात्मकता दर्शाने की भी पूरी आजादी मिलती है।

गाईज़! लड़कियों को रिझाने का भी हिट फार्मूला है क्योंकि आप तो जानते ही हैं कि सभी लड़कों को डांस नहीं आता (शाहिद कपूर को देखें, अब पता चला कि लड़कियां उसकी दीवानी क्यों है)

मौज-मस्ती के साथ कसरत करनी है तो डांस करें। आप किसी सामाजिक समारोह में नाच का हुनर दिखा सकते हैं या दोस्तों के बीच आनंद ले सकते हैं।

इसी बहाने मन व शरीर का तनाव धुलेगा व आप स्वयं का कायाकल्प महसूस करेंगे।

बॉलीवुड, वैली डांसिंग, हिप-हॉप, भांगडा-रैप, जाइव बॉलरूम, जुम्बा, साल्सा, लैटिन अमरीकन या फिर एरोबिक डांसिंग नाचने की कोई भी कला चुनें व फिट होने के लिए तैयार हो जाएं।

फिट फैक्ट : आप कितनी कैलोरी घटाएंगे, यह नाच की गहनता व अवधि पर निर्भर करता है। 30 मिनट के लगातार डांस से, 200 से 250 कैलोरी घटा सकते हैं। यह भी चहलकदमी, तैराकी या साइकलिंग जैसा ही व्यायाम है।

26

वॉकिंग

चहलकदमी या टहलना सुविधाजनक होता है। यह प्राकृतिक है। यह आजादी है। (निःशुल्क भी है)। तो पूरे आत्मविश्वास के साथ कदम उठाएं। जितना बेहतर करेंगे, उतनी ही मांसपेशियों का प्रयोग होगा व उतनी ही कैलोरी व्यय होगी। सिर को कंधों के बीच सीधा रखें तन कर चलें। कोहनियां मोड़ें व बाजुओं को प्राकृतिक तरीके से आगे-पीछे झुलाते चलें। एब्स अंदर को खींचे व पांव मजबूती से जमीन पर पड़ें। पहले एड़ी से कदम बढ़ाएं, फिर अगला कदम बढ़ाने से पहले पूरा पांव रोल करें।

चाहें अकेले हों, दोस्तों के साथ या अपने कुत्ते के साथ, वॉकिंग से आपका वर्कआउट हो जाएगा। यह काफी हद तक एक संपूर्ण व्यायाम है, यह लो-इंपैक्ट कार्डियो वास्कुलर गतिविधि पूरे शरीर के लिए काम करती है। चलते समय जोड़ सुरक्षित होते हैं क्योंकि उन पर कम से कम दबाव पड़ता है, हृदय, फेफड़ों व हड्डियों को भी पूरे एरोबिक वर्कआउट का लाभ मिल जाता है। 20 मिनट की वॉक तो कम से कम करें, जो कि एक घंटे तक की हो सकती है।

मुझे वॉकिंग पसंद है पर रोज करने से नीरसता आ सकती है। तो मैं कभी सुबह, तो कभी शाम को वॉक करता हूं। मैं लंबी दूरी की वॉक या कम दूरी की तेज वॉक करता हूं। जब मॉम साथ होती है तो मैं वॉक की गति घटा देता

हूं। मैं इसे स्ट्रॉल (चहलकदमी) कहता हूं, यह भी कभी-कभी रिलैक्स होने का अच्छा तरीका है।

मैं अक्सर नंगे पांव बाग में वॉक करता हूं। क्या आपने कभी ट्राई किया? यह अद्‌भुत है। मैं प्रकृति से एकाकार हो जाता हूं। आरामदायक घास पैरों को छूती है और मैं आसपास के फूलों व पेड़ों की खूबसूरती में खो जाता हूं।

- माणिक, 16

लैब रिपोर्ट

नंगे पांव बाग में चलने से पैरों को हल्की नम घास या मिट्‌टी का स्पर्श मिलता है। मनुष्य के पैरों में भी हाथों की तरह ही स्पर्श की संवेदनशीलता काफी तीव्र होती है।

कैलोरी घटाने की पावर बढ़ाएं पॉवर वॉकिंग करें

पॉवर वॉकिग करने का उद्‌देश्य यही है कि ऐसी गति से वॉक हो कि वह दौड़ में बदल सके। इस तरह अधिक कैलोरी व्यय होगी, मसल स्ट्रेंथ व पावर भी बढ़ेंगे। एक गंभीर पावरवॉक 'रन' जितनी ही कैलारी व्यय करेगी। तेज चलने से मांसपेशियों को अतिरिक्त मेहनत करनी पड़ती है जिससे अधिक मात्रा में कैलारी खर्च होती है।

स्लोप का अभ्यास

स्लोप पर वॉक करने से वर्कलोड में वृद्धि होगी व उर्जा की आवश्यकता भी बढ़ेगी। स्लोप जितना तीखा होगा, उतनी उर्जा लगानी पड़ेगी। पर गति बनाएं व रूट इस तरह प्लान करें कि आप धीरे-धीरे चढ़ें व स्टेमिना बना सकें।

प्र. क्या चलते समय भार उठाना ठीक रहेगा?

- रीना, 17

- आपने लोगों को चलते समय, भार झुलाते देखा होगा। हालांकि बेहतर होता कि वे भार फेंक कर , थोड़ा तेज चलते। मैं हाथों या टखनों पर भार ले कर चलने की सलाह नहीं देती। इस तरह हाथ-पैर, टखनों व घुटनों आदि में चोट लगने का खतरा बढ़ जाता है तथा रैपीटेटिव मोशन इंजरी भी होती है।

27

रनिंग

क्या आपने 'रनर्स हाई' के बारे में सुना है? कड़े परिश्रम के बाद जब शरीर में एंडोरफिन का स्त्राव होता है तो उसी के लिए यह कहा जाता है। जब आप दौड़ते हैं तब भी ऐसा ही जीवंत व आनंददायक अनुभव होता है।

दौड, मानसिक व शारीरिक रूप से उर्जा प्राप्त करने का श्रेष्ठ स्त्रोत है। इससे कार्डियोवास्कुलर फिटनेस में सुधार होता है। स्टेमिना बढ़ता है, यह कैलोरी घटाने का भी बेहतरीन उपाय है। नियमित रनर या धावकों की टांगे सुडौल व पुष्ट, जांघें पूरे आकार में तथा पिंडलियां भी गठी हुई होती हैं। लड़कियों! उन शार्ट स्कर्टों को खोज करके रखो और लड़कों पतली व चिपकी जींस पहनने को तैयार हो जाओ।

प्र. मैं कोई रनर नहीं हूं? मुझे कहां से शुरुआत करनी चाहिए?

–पीयूष, 14

उ. धीरे-धीरे आरंभ करें। हो सकता है कि दौड़ के लिए स्टैमिना बनाने व आरामदायक महसूस करने में हफ्तों लग जाएं पर बाद में इसका लाभ भी तो आप ही पाएंगे।

पहले-पहल आधे घंटे की तेज चहलकदमी भी ठीक रहेगी। जब यह आसान हो जाए तो इसे 1 मिनट की जॉग व 5 मिनट की चहलकदमी में

बदलें। फिर धीरे-धीरे जॉग की अवधि बढ़ाएं। धीरे-धीरे जॉग की गति इतनी बढ़ा दें कि वह दौड़ में बदल जाए।

अगर ये समझ नहीं आ रहा कि कहां भागें तो कई विकल्प मौजूद हैं। घर में ट्रेडमिल पर भागें। फिर स्टेडियम, पार्क बीच या पहाड़ पर जाएं। जॉगिंग आपकी टांगों के लिए बहुत अच्छी है।

हाई एनर्जी रनिंग के कई रूप हैं। आपको क्या पसंद है।

स्प्रिंटिंग : शरीर को निरंतर चुनौती देना चाहें तो स्प्रिंटिंग अपनाएं। आपको अधिकतम गति के 70 से 90 प्रतिशत तक स्प्रिंट के योग्य होना चाहिए। रनिंग ट्रेक ठीक रहेगा क्योंकि इस पर 100 मी. की दूरी साफ लिखी होती है।

पहाड़ : गहन वर्कआउट के लिए तैयार हो जाएं। यहां आप ग्रेविटी से उलझेंगे। शरीर को कड़ी मेहनत करनी होगी पर इससे टांगे मजबूत होंगी, कैलोरी व्यय होगी हृदय को भी अधिक मात्रा में रक्त पंप करना होगा।

दूरी : लंबी दूरी की दौड़ से भी स्टेमिना बढ़ता है। मैराथन ट्रेनिंग भी डिस्टेंस रनिंग का ही एक रूप है।

सीढ़ियां : सीढ़ियां दौड़कर चढ़ने से स्टेमिना बढ़ता है व टांगे मजबूत होती है। आप एक बार में एक सीढ़ी चढ़ सकते हैं व चल कर उतर सकते हैं।

ट्रेनिंग टिप्स

- दौड़ के पहले व बाद में स्ट्रेच करें।
- गति बढ़ाना चाहें तो टांगों व बाजुओं की गहनता एक साथ बढ़ाएं।
- पहाड़ी पर भागते समय शरीर के भार को पीछे की ओर लें।
- पेट की मांसपेशियां टाइट रखें ताकि पोस्चर बना रहे।
- बाजुओं का प्रयोग करें - कोहनियां हल्की मुड़ी हों, सारी गतिविधि आपके कंधों के जोड़ से आरंभ होनी चाहिए।
- यदि जोड़ साथ न दें तो कम प्रभाव वाले व्यायाम करें, जैसे वॉकिंग, साईकलिंग या तैराकी।

28

एक अच्छा खिलाड़ी कैसे बनें?

'हे भगवान! इस बाधा को कूदना तो काफी मुश्किल होगा।'

'तुमने तो जबरदस्त राइट विंग फारवर्ड लिया।'

'वाऊ! एक और एस!।'

यदि आप सचमुच एक सच्चे खिलाड़ी बनना चाहते हैं तो पूरे दिल व आत्मा के साथ इस विषय को पढ़ने के लिए तैयार हो जाएं क्योंकि इसे आपके लिए ही लिखा गया है।

> जीत की रणनीति : सफलता का मानसिक चित्रण करें। इस तरह मन व शरीर सफलता के लिए रीप्रोग्राम हैं। यह एक ताकतवर प्रशिक्षण व प्रेरक माध्यम है। यदि आप सचमुच स्वयं को लक्ष्य पर सफल होते देख सकते हैं तो मन भी इसे एक वास्तविक संभावना के रूप में स्वीकार कर लेता है।

जो किशोर अच्छे खिलाड़ी बनना चाहते हैं, उनसे मिलने के बाद, मैंने उनके इन प्रश्नों के उत्तर दिए हैं, आशा है कि वे आपके भी काम आएंगे :

तथ्य :

प्र. मैं एक प्रतियोगी तैराक हूं। मैंने पाया कि अभ्यास सत्रों के दौरान मेरी टांगें व पीठ अकड़ जाती है, जिससे मैं तैर नहीं पाता। मुझे क्या करना चाहिए?

– रवि, 16

उ. किसी भी खेल कूद गतिविधि से मांसपेशियों में जकड़न आती है व तैराकी भी इसका अपवाद नहीं है। शरीर की लोच बनाए रखने के लिए रोज कुछ स्ट्रेचिंग व्यायाम करें। इससे न केवल जकड़न घटेगी बल्कि प्रदर्शन में भी सुधार होगा। तैराकी से पूरे शरीर की टोनिंग होती है व कार्डियोवास्क्युलर वर्कआउट भी होता है। इससे ज्यादा और क्या चाहिए?

प्र. मैं टेनिस खेलती हूं। मुझे बॉल की सर्विस व हिटिंग के दौरान शॉट मारने में ज्यादा ताकत लगानी पड़ती है। आपके हिसाब से मुझे क्या करना चाहिए?

उ. स्ट्रेंथ बढ़ाने के लिए, आपको स्ट्रेंथ ट्रेनिंग एक्सरसाइज करनी चाहिए। आपको अपने कंधों के जोड़ों कलाईयों व पीठ को मजबूती देने वाला वर्कआउट करना चाहिए। इस तरह ताकत व मजबूती दोनों मिलेंगे।

प्र. मुझे फुटबॉल बेहद पसंद है। मेरा स्टेमिना भी अच्छा है पर खेलते समय मेरी टांगे सूज जाती है, जिससे मैं परेशान हो जाता हूं।

– गौतम, 15

उ. इसके लिए आपको अपनी टांगों को मजबूत बनाना होगा। इसके दो तरीके हो सकते हैं :

1. काफ लिफ्ट, स्क्वैट्स या लंजिस जैसे व्यायाम करें।

2. सीढ़ियां चढ़ने का व्यायाम, साईकलिंग या चहलकदमी को वर्कआउट में शामिल करें।

प्र. मुझे क्रिकेट बहुत पसंद है पर स्टेमिना न होने के कारण मैं जल्दी थक जाता हूं। क्या करूं?

– अर्जुन, 15

उ. 1. रोज व्यायाम करें। वॉकिंग, जॉगिंग, तैराकी, रनिंग या साइकलिंग करने से स्टेमिना बढ़ेगा।

2. व्यायाम से पहले, बीच में या उसके दौरान पानी पीएं। इससे स्टेमिना बढ़ेगा व डीहाइड्रेशन भी नहीं होगा।

3. जो भी खाओ, स्वस्थ खाओ ताकि व्यायाम के लिए उर्जा मिले व स्वस्थ रह सको।

प्र. वे मुझे चीता कहते थे मैं स्कूल की हर दौड़ में जीतता था। अब मैं इंटर स्कूल इवेंट के लिए 100 मीटर की तैयारी कर रहा हूं। कोई सलाह दें कि मैं गति में सुधार कैसे ला सकता हूं?

– मयूरी, 14

उ. 100 मीटर की तैयारी करते समय स्टॉपवाच् का प्रयोग करें। इस तरह स्पीड में सुधार होगा। याद रखें, दौड़ने वाले की टांगों व पैरों को गुरुत्वाकर्षण शक्ति का सामना करना पड़ता है, जब भी उसके पैर जमीन पर टिकते हैं। यह उनके शरीर के भार से दुगना-तिगुना होता है। नियमित रूप से अपनी पिंडलियों, हैमस्ट्रिंग व क्वार्डिसैप्स की स्ट्रेचिंग करें ताकि तनाव दूर हो सके।

खिलाड़ी के लिए अनिवार्य

एक अच्छे खिलाड़ी में हुनर, ताकत, लोच, गति, संतुलन व समयोजन का होना आवश्यक है। यदि आप किसी खेल या नियमित शारीरिक गतिविधि के लिए समर्पित हैं तो आपको अभ्यास पर केंद्रित रहना चाहिए। यह केवल हार या जीत की बात नहीं पर खेल में बेहतर होते जाना भी, एक रोमांच होता है।

- केंद्रित तथा प्रेरित रहें।
- लगातार कौशल में सुधार लाने की चुनौती लें। जरूरत होने पर कोच की सलाह लें।
- अपनी प्रगति का मूल्यांकन करें।
- जितना संभव हो, व्यवसायिक मैच देखें।
- ध्यान दें कि जरूरत होने पर, शरीर को पूरा आराम भी मिले।

29

अपनी हद तक ही करें 'स्ट्रेच'

अपनी पैर की अंगुलियों को छुएं, शरीर को घुमाएं व पीछे की ओर मुड़े...आपके शरीर में कितनी लोच है? आपको यह जान कर आश्चर्य हो सकता है कि किसी भी एरोबिक गतिविधि की तरह स्ट्रेच ट्रेनिंग की तरह, स्ट्रेचिंग भी एक अनिवार्य फिटनेस साधन है। यह आपको चोट लगने से बचाती है, व्यायाम के प्रदर्शन में सुधार लाती है व आपको शक्ति प्रदान करती है। किसी भी संतुलित फिटनेस प्लान में स्ट्रेचिंग का अपना ही महत्व होता है, फिर चाहे आप कोई खिलाड़ी हैं या आरामदेह जीवनशैली जीते हैं।

खिलाड़ियों को स्ट्रेच क्यों करना चाहिए?

खेल से शरीर में जकड़न आती है व लोच घटने लगती है, स्ट्रेचिंग मांसपेशियों की लोच व मजबूती बढ़ाती है। यदि आप सॉकर खेलते हैं तो पीठ की समस्याएं होंगी। यदि टेनिस खेलते हैं तो कंधों में सूजन या टेनिस एलबो होगी। अगर आप दौड़ते समय जोड़ों को थका देते हैं तो घुटनों की समस्याएं बाधा बन सकती है।

- वर्क आउट के बाद स्ट्रेचिंग करें।
- आराम से स्ट्रेच करें, झटके से नहीं।
- रिलैक्स रहते हुए स्ट्रेचच को महसूस करें।

स्ट्रेचिंग व्यायाम :

प्रत्येक को 10-20 सेकेंड तक रखें।

काफ स्ट्रेच :

दाएं पैर से आगे की ओर बड़ा कदम भरें, दाई टांग मुड़ी हुई व बाईं टांग सीधी हो, अपने नितंब मुड़ी दाई टांग की ओर ले जाएं। दोनों पांव आगे की ओर हों तथा बायां टांग जमीन पर जमा हो। फिर कुछ देर रखने के बाद साइड बदलें।

जांघ का अगला हिस्सा :

सीधे खड़े हों, दाएं पांव को दाएं हाथ से पकड़ें। घुटनें एक साथ रखें, दाएं घुटने को इस तरह मोड़ें कि एड़ी आपके नितंब को छू सकें। इसे यूं ही रखें। फिर दूसरी टांग से दोहराएं।

जांघ का पिछला हिस्सा :

धीरे से एक टांग उठाएं व किसी ऊंची जगह रख दें, जैसे पार्क की बेंच या कोई पीढ़ा। आपके नितंब सीधे रहें यानी आपकी पेल्विस एक सीध में हो। कमर से झुके व पीठ को आगे की ओर झुकाएं। कुछ देर ऐसे ही रहने के बाद, दूसरी टांग से दोहराएं।

वेस्ट स्ट्रेच :

पैरों को कंधे की चौड़ाई जितना खोल कर खड़े हों, घुटने हल्के से मुड़े हों व पांव की अंगुलियां

आगे की ओर हों, अपना दायां हाथ नितंब पर रखें जबकि बाएं हाथ को सिर से उपर की ओर लें। कमर को धीरे से दाई तरफ मोड़ें। दूसरी ओर से भी दोहराएं।

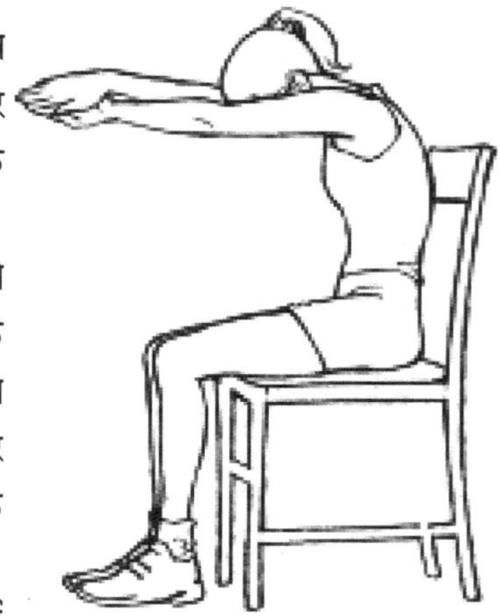

अपर बैक स्ट्रैच : हाथों को आगे की ओर ले जाकर इस तरह जकड़ें कि पीठ के उपरी हिस्से में खिंचाव महसूस हो। स्टेच के दौरान सिर नीचा करें ताकि चिबुक छाती के पास आ जाए।

शोल्डर स्ट्रैच : दाई बाजू को सीध में, छाती के उस तरफ ले जाएं बाएं हाथ को कोहनी के ठीक उपर, बाजू के उपर वाले हिस्से पर रखें। दाई बाजू को छाती के समीप खींचे।

चेस्ट स्ट्रैच : दोनों हाथ पीछे की ओर रखते हुए बैठें। दोनों हाथ पीछे की ओर ले जा कर जकड़ें। जब तक कि आपकी बाजुओं व कंधों में खिंचाव महसूस न हो।

नैक स्ट्रैच : सिर को दांई ओर लें, कान को कंधे के पास लाने की कोशिश करें। फिर बीच में आकर, साइड बदलें।

30

फालतू वजन घटाना आसान नहीं

क्या आप आदर्श वजन से 4-5 कि. ज्यादा वजन रखते हैं? इसे घटाना आसान लगता है पर सच तो यह है कि आप आदर्श वजन के जितने करीब होते हैं, फालतू वजन घटाना उतना ही मुश्किल होता है। यह अवस्था प्लेट्यू कहलाती है।

आप इसे कैसे तोड़ सकते हैं? आप उस पैंट की जिप कैसे बंद करेंगे, जो कमर पर फंस रही है या अच्छा तैराक बनने के लिए अपने एब्स को कैसे तैयार करेंगे? यहां इसके लिए आपको दस आजमाई गई स्ट्रेटजी दी जा रही है।

1. वर्कआउट काम करेगा : सप्ताह में छः दिन वर्कआउट करें। थोड़ी मौज-मस्ती से भरी गतिविधियां शामिल करें। (फिटनेस ट्रेनिंग प्लान अध्याय से ज्यादा जानकारी लें)

2. पूरी गहनता तक : क्या वर्कआउट चुनौतीपूर्ण हैं? या आप सिर्फ मजे ले रहे हैं? यदि वजन घटाना है तो पूरी गहनता से वर्कआउट करना आरंभ करें।

3. रूटीन में बदलाव : हर छः सप्ताह बाद वर्कआउट बदलें। जब शरीर एक खास तरह के रूटीन का आदी हो जाए तो व्यायाम का तरीका बदलें। याद रखें कि बदलाव लाने से ही बदलाव आएगा।

4. मसल अप : रूटीन में रेजिस्टेंस ट्रेनिंग या वेट शामिल करें। इससे मसल्स मास बढ़ेगा, जिससे मेटावॉलिक रेट बढ़ेगा व विश्राम के दौरान ही कैलोरी घटाने में भी मदद मिलेगी।

5. ट्रेनर नियुक्त करें : बेहतर होगा कि आप लक्ष्य की प्राप्ति के लिए

व्यवसायिक रूप से प्रशिक्षित ट्रेनर नियुक्त करें। यह एक फायदे का सौदा होगा।

6. जो भी खाएं, पूरा आनंद लें : अध्ययन कहते हैं कि आप भोजन से जितना आनंद पाते हैं, उसी हिसाब से पोषण भी मिलता है। जो स्वादिष्ट व संतुलित आहार लें, जो देखने में अच्छा हो व आपको भी अच्छा दिखने में मदद कर सके।

7. नियमित खानपान की योजना : शरीर को प्रतिदिन विविध पोषक पदार्थ दें। दिन में छः-सात बार खाएं- नाश्ता, लंच, डिनर व तीन से चार बार स्नैक।

8. वही खानपान योजना अपनाएं, जो अनुकूल हो : आप स्वयं जानते हैं कि आपके लिए सबसे बेहतर व कारगर क्या हो सकता है। अपने शरीर से मिल रहे संकेतों के अनुसार खाने के समय व ढांचों में सुधार करें।

9. अतीत से सबक लें : जो भी डाइट लें, उसे कागज पर लिखें। फिर लिखें कि उसे लेने के बाद क्या हुआ। यदि कोई डाइट एक से ज्यादा बार ली हो, तो उसे भी लिखें। आपकी सूची कितनी लंबी है। क्या आप वजन घटाने में सफल रहें।

10. सकारात्मक रहें : दिन में एक सेब, थोड़ी चहलकदमी व बहुत सारी हंसी....ये छोटी मोटी बातें ही बड़ा बदलाव लाती हैं।

'प्लेट्यू' तोड़ने के लिए सैंपल फूड प्लान

कृपया याद रखें कि डाइट प्लान एक अस्थायी साधन होता है। इसे तीन से चार सप्ताह से अधिक जारी न रखें।

नाश्ता : गर्म हर्बल चाय, लो फैट दही के साथ ताजे फल (आम, केला व चीकू न लें)

दोपहर से पहले : छाछ

लंच : सूप या वैज जूस

अंकुरित + सलाद सैंडविच (दो होल व्हीट टोस्ट पर/चपाती)

शाम को : नारियल पानी

दलिया (ओटमील, गेंहू)/पोहा- एक कटोरा

डिनर : सूप/वैज + जूस भाप में पकी सब्जी व दाल/बेक्ड फिश

डिनर के बाद - हर्बल चाय,

तरबूज (एक कटोरा)

31

अत्यधिक व्यायाम से बचें

अगर आपकी एक्सरसाइज़ का प्रोग्राम अधिक कड़ा या लंबा है तो आपको सेहत संबंधी गंभीर समस्याओं का सामना करना पड़ सकता है। क्यों? यदि आपने धीरे-धीरे व सोचे समझे गए तरीके से व्यायाम न किया तो खुद को चोट पहुंचा लेंगे या शारीरिक/मानसिक हानि हो सकती है।

अपने एक्सरसाइज प्रोग्राम को प्रभावी व सुरक्षित बनाने के लिए निम्नलिखित उपायों का पालन करें :

कितना व्यायाम करें ?

सप्ताह में पांच से छह बार या 30 से 60 मिनट तक व्यायाम करें। यह एक्सरसाइज गहनता, आपके टारगेट हार्टरेट से 60 से 90 प्रतिशत तक हो सकती है। जो कि आपके फिटनेस लेवल व मेडीकल दशा पर निर्भर करता है।

रेस्टिंग पल्स रेट

आपको जागते समय अपनी रेस्टिंग पल्स रेट पर खास ध्यान देना होगा। यदि यह बढ़ती है तो यह ओवर-ट्रेनिंग की सूचक हो सकती है। वैसे भी सप्ताह में एक दिन पूरा आराम करें।

कितना आराम लें ?

मांसपेशीय थकावट व शारीरिक थकान से उबरने के लिए आराम करना आवश्यक है। सप्ताह में, कम से कम एक पूरा दिन आराम करें।

खान-पान में बदलाव

शरीर तनाव के लिए कई तरह से प्रतिक्रिया देता है। भूख लगनी बंद हो सकती है, भूख ज्यादा लग सकती है या मनपसंद भोजन की इच्छा तीव्र हो सकती है।

नींद के पैटर्न में बदलाव

यदि शारीरिक गतिविधि बढ़ाते गए तो शरीर के लिए रिलैक्स करना कठिन होता जाएगा। वह रात को चैन की भरपूर नींद ले पाएगा।

इससे सेहत पर गलत असर होगा, उर्जा का क्षय होगा व रोग प्रतिराधेक क्षमता घटेगी। व्यायाम सावधानी से करें, सुरक्षित रखें। हैप्पी एक्सरसाइजिंग!

32

R.I.C.E : Rest, Ice, Compression, Elevation

(विश्राम, बर्फ, संकुचन, ऊंचा उठना)

यदि आप व्यायाम की गलत तकनीकें अपनाते हैं या अधिक व्यायाम करते हैं। तो आपकी मांसपेशी या जोड़ में खिंचाव आ सकता है। आपका फिटनेस रूटीन, आपके फिटनेस स्तर व उद्देश्यों के अनुसार सही तरह से डिजाइन होना चाहिए। हालांकि आप भी एक इंसान हैं, गलतियां होना स्वभाविक ही है। तो आपको क्या करना चाहिए।

Rice को अपनाएं। खेल से जुड़ी चोट व सूजन से निपटने का सबसे आम उपाय। Rice : Rest, Ice, Compression & Elevation

Rest (आराम) : चोट को आराम दें ताकि ठीक होने की प्रक्रिया में तेजी आ सके।

Ice (बर्फ) : सूजन व दर्द मिटाने के लिए 20 से 30 मिनट तक बर्फ मलें। बर्फ को किसी कपड़े में लपेट कर लगाएं, तभी ठीक रहेगा।

Compression (दबाव)

इलेस्टिक के बैंड से उस स्थान को हल्का संकुचित करते हुए दबाव दें ताकि क्षत-स्थान में स्थिरता आए व सूजन घटे।

Elevation (ऊंचा उठाना) :

अब चोट लगे हुए स्थान को थोड़ा ऊंचा उठाएं ताकि रक्तस्त्राव घट सके। अधिक मार्गदर्शन के लिए चिकित्सक से संपर्क करें।

लैब रिपोर्ट

जब भी कोई मांसपेशी (उत्तक) फटती है या उसे चोट लगती है तो शरीर उसे ठीक करने की प्रक्रिया आरंभ कर देता है। सूजन, लाली, दर्द व उस अंग का न हिल पाना, इस बात का सूचक है कि उसके ठीक होने की प्रक्रिया चल रही है।

33

झटपट उर्जा प्राप्त करने के उपाय

परीक्षाएं सिर पर हैं? किसी रिश्ते में दिल टूट गया? माता-पिता की ओर से मांगों का दबाव बढ़ रहा है। क्या आप जानते हैं कि, शोधों से पता चला है कि भावात्मक तनाव व मांसपेशीय तनाव में भी गहरा नाता होता है। अगर आप तनाव में हैं तो आपकी मांसपेशीयां भी तनाव में होंगी। इससे सिर दर्द,

जोड़ों में दर्द व मांसपेशियों पर दबाव भी पड़ सकता है। यहां आपको इस तनाव से निबटने के कुछ उपाय दिए जा रहे हैं :

गहरी सांस

आंखें बंद करके, धीमी व गहरी सात सांसे लें। जब भी सांस भीतर लें, पूरी शांति के साथ, इस पर केंद्रित हों और सांस छोड़ते हुए मानसिक तनाव को बाहर धकेल दें। सुनने में भले ही अजीब लगे, पर यह तरीका बड़ा कारगर है।

आंखों पर हथेलियां रखना

किसी कुर्सी या चटाई पर आलथी-पालथी लगा कर बैठें। हथेलियां आपस में रगड़ कर हल्की गर्म करें व उन्हें आराम से आंखों पर रखें। इस तरह आंखें ढकने से मानसिक शांति मिलेगी। फिर पांच मिनट बाद धीरे से आंखें खोल दें। आप इस व्यायाम को दिन में कई बार दोहरा सकती हैं।

टैंस-रिलैक्स

आंखें बंद करके पूरे शरीर में तनाव लाएं। इस तनाव या अकड़न को शरीर में रखते हुए, 2 मिनट तक रिलैक्स करें। इसे तीन बार दोहराएं। ऐसा करते हुए, धीरे-धीरे सांस लें व छोड़ें। इसे दो-तीन बार अवश्य दोहराएं।

व्यायाम, व्यायाम, व्यायाम!

बस कसरत करें, यह न सोचें कि कैसे कर रहे हैं। योग को अपनाएं, सीढ़ियां चढ़ें-उतरें, दौड़ें या मार्शल आर्ट करें - शारीरिक गतिविधि से जुड़ा कोई भी तरीका, तनाव भगाने का बेहतरीन उपाय हो सकता है।

लैब रिपोर्ट

व्यायाम करने से रक्त का प्रवाह दिमाग की ओर जाता है। अवसाद मिटाने वाली दवाईयों का भी यही प्रभाव होता है। व्यायाम करने से एंडोरफिंस का भी स्राव होता है। यह हारमोन आपके मन को फील गुड का एहसास देता है।

तनाव के जाल से निकलें

सबके लिए सब कुछ बनने का प्रयत्न न करें। अपनी प्राथमिकता वाले क्षेत्र चुनें व उन्हीं पर केंद्रित रहें। जीवन को जितना हो सके, सादा बनाएं। यदि बहुत काम करने की आदत हो तो गति थोड़ी घटा दें। अपने निकटतम लोगों से समस्याएं बांटें - जरूरत पड़ने पर सलाह व मदद लेने से तनाव छूमंतर हो सकता है।

34

चुस्त बनें, सीधे खड़े हों

'सीधे खड़े रहें!' अपने कंधे पीछे की तरफ खींचे।' जब आप बच्चे थे तो आपको यह सब लगातार याद दिलाया जाता था। बेशक इस तरह के निर्देश काफी खिझाने वाले हो सकते हैं पर अगर आपका पोस्चर अच्छा है तो यह आज के समय में, यह एक अच्छा, सीखा हुआ सबक कहलाएगा।

रोचक बात यह भी है कि किशोरों का पोस्चर उनके आत्मविश्वास का स्तर भी दर्शाता है। अगर आपको खुद पर पूरा भरोसा है तो आप स्वयं ही सीधे तन कर खड़े होंगे। वहीं दूसरी ओर, आत्मविश्वास का अभाव है तो आप थोड़ा झुक कर रहेंगे, इसी डर में जीते रहेंगे कि कहीं कोई आप पर ध्यान न दें।

मुझे याद है कि, स्कूल के दिनों में, मेरी रवीना नामक अच्छी सहेली थी। वह अपनी नीली आंखों व प्यारी सी मुस्कान के साथ सबके बीच काफी लोकप्रिय थी पर उसके एक ही खराब आदत थी, वह हमेशा कंधे झुका कर बैठती थी। जरा कल्पना करें। इतनी प्यारी लड़की कंधे झुका कर, ऐसे बैठी हो, मानों वह लगातार किसी तकलीफ में है। यहां तक कि खड़े होने पर भी रवीना के कंधे नीचे की ओर ढुलके रहते। नए फैशन के कपड़े होने पर भी पोस्चर से सब कुछ तबाह हो जाता था। उसके कपड़े भी बेहूदे लगते।

खुशकिस्मती से रवीना को एक ऐसी दोस्त मिल गई, जिसने उसे आत्मविश्वास व स्वाभिमान बढ़ाने में मदद की।

तो पोस्चर खराब क्यों होता है?

यह एक आदत है। अगर आप भी सोफे पर पसर कर, टी वी के आगे शाम बिताने वालों में से हैं तो आप पोस्चर की तकलीफों के लिए खास प्रत्याशियों में से एक है।

अध्ययन बताते हैं कि जाने-अनजाने टी.वी., कम्प्यूटर या रीडिंग के लिए बैठने के दौरान आप कंधे झुकाए रखते हैं या गर्दन को एक ओर कर लेते हैं। जिससे गर्दन व कंधों की कई तकलीफें सामने आ जाती हैं।

काफी समय तक डेस्क पर बैठने से पीठ में दर्द होने लगता है। जब आप लगातार एक ही कंधे पर भारी बस्ता ढोते हैं या सैल पर बात करने के लिए गर्दन मोड़ते हैं तो तनाव या दबाव महसूस होता है। यहां तक कि लेट कर पढ़ने या टी.वी. देखने से भी पूरे स्पाइनल के एलाइनमेंट का संतुलन बिगड़ जाता है।

किन व्यायामों की मदद से अच्छा पोस्चर पा सकते हैं?

- पहले आपको स्ट्रेटट्रेज की आवश्यकता होगी। कमजोर मांसपेशियां ही खराब पोस्चर का कारण बनती हैं। मिसाल के लिए, अगर पीठ की उपरी मसल कमजोर होंगी तो उनको मजबूती देने से पोस्चर में सुधार होगा।
- नियमित रूप से स्ट्रेच करें। पोस्चर की तकरीबन सारी खराबियां मांसपेशियों में जकड़न के कारण होती है। स्ट्रेचिंग मुलायम उत्तक ढांचों को एक सीध में लाती है व अच्छा पोस्चर बनाए रखने में मदद मिलती है।

बैक स्ट्रेंथनिंग एक्सरसाइज

बैंट ओवर रो

तन कर खड़े हों। नितंबों से थोड़ा आगे की ओर झुकें। पीठ, गर्दन व सिर सीधा रखें। हाथ में वेट लें।

धीरे से हाथ ऊंचें करें। घुटनों के स्तर से नितंबों तक। साथ ही शोल्डर ब्लेड सिकोड़ने पर केंद्रित रहें। अब पहले वाली मुद्रा में आ जाएं।

स्ट्रेचिंग एक्सरसाइज

चेस्ट स्ट्रेच

दोनों हाथ पीठ के पीछे ले जाते हुए बैठें। हाथों को जकड़ें व तब तक ऊंचा उठाएं, जब तक आपको पैक्टोरल्स में तनाव महसूस न हो।

स्मार्ट व स्ट्रेट रहें

खड़े होते, चलते समय या बैठते समय कंधे रिलैक्स व रीढ़ की हड्डी को तटस्थ अवस्था में रखें। छाती उपर की ओर तनी हो, पेट अंदर की तरफ हो, गर्दन व सिर पीठ की सीध में हों। एक बार अपने मन व शरीर को यह प्रशिक्षण देंगे तो वे रोज़मर्रा की गतिविधियों में इसी तरह रहने का अभ्यास पा लेंगे। आपका माइंड कम्प्यूटर इस सुधरे हुए 'एलाइनमेंट' को स्टोर कर लेगा और एक अच्छा पोस्चर आपकी आदत में शुमार हो जाएगा।

वजन पर रखें नजर

फालतू वजन, स्पाइन पर फालतू भार डालता है। पेट की मांसपेशियों को कमजोर बनाता है। पोस्चर को खराब करता है। नियमित व्यायाम करें व खानपान पर नजर रखें।

जरा शांत रहना सीखें

अध्ययन कहते हैं कि भावनात्मक तनाव व मांसपेशीय तनाव का गहरा नाता है। यदि आप तनाव में होंगे तो मांसपेशियां भी तनाव में आ जाएंगी। इससे सिर व जोड़ों में दर्द व मांसपेशियों में दबाव हो सकता है और नतीजन आपका पोस्चर खराब हो जाता है।

सही फुटवियर का करें चुनाव

ज्यादा लंबे समय तक हाई हील पहनने से शरीर के ग्रेविटी सेंटर पर असर होता है। इससे घुटनों व रीढ़ की हड्डी पर अनावश्यक दबाव पड़ता है इसलिए क्वालिटी फुटवियर चुनें, जो पैर को पूरा आराम व सहारा दे सकें।

बिस्तर चेक करें

गद्दा सख्त हो ताकि वह रीढ़ की हड्डी को सहारा दे सके। एक अच्छा गद्दा रीढ़ की हड्डी के प्राकृतिक कर्व्स को बरकरार रखता है। ज्यादा स्प्रिंगयुक्त गद्दे से पीठ की समस्याएं हो सकती है। तकिया भी थोड़ा सख्त हो व उसमें गांठें न हों।

सही मुद्रा में सोंए

करवट लेटते समय, हल्के मुड़ें घुटनों के बीच तकिया रखें। इससे रीढ़ की हड्डी का प्राकृतिक कर्व्स बना रहेगा।

- पीठ के बल लेटते समय, घुटनों के नीचे तकिया रखें। टांगे सीधी रख के लेटने से पीठ के निचले हिस्से में दर्द हो सकता है।
- पेट के बल लेटने से पीठ के निचले हिस्से व रीढ़ की हड्डी पर अनावश्यक दबाव पड़ता है।

अपने कार्यक्षेत्र को जांचें

यदि आपका अधिकतर समय कम्प्यूटर पर मिलता है तो अपने कार्य क्षेत्र को जांचे :

- ऐसी कुर्सी पर बैठें जिससे पीठ के निचले हिस्से को सहारा मिले। कुर्सी की ऊंचाई इतनी हो कि आपके पांव फर्श पर टिक सकें।
- कम्प्यूटर का स्क्रीन आंखों के लेवल पर हो ताकि गर्दन व रीढ़ की हड्डी पर दबाव न पड़े।

35

एक भरपूर नींद का महत्व

मुझे पता है कि नींद एक बोरिंग का विषय है और हो सकता है कि आपको उबासियां भी आने लगे। पर मैं आपको बता दूं कि स्ट्रेस , परीक्षा का तनाव, बेवक्त की पार्टी, टी.वी. वगैरा आपकी भरपूर नींद हराम कर सकते हैं। बेशक, कई बार आपको बहाव के साथ बहना ही पड़ता है। अगर आप कल के लिए टेस्ट पेपर की तैयारी में हैं तो थोड़ी नींद का त्याग तो करना ही पड़ेगा।

पर अगर आप रोज ही रात को देर से सोने लगे तो नींद की भरपाई न होने से, आप गंभीर समस्याओं में घिर सकते हैं।

आपके शरीर को हर रात 6 से 10 घंटे की नींद चाहिए। यह आपकी व्यक्तिगत आवश्यकता पर भी निर्भर करती है। चाहे आपको कितनी भी नींद क्यों नहीं चाहिए, अगर आप रोज देर से सोते हैं तो बॉडी क्लॉक के लिए एडजस्ट करना मुश्किल होगा। अगली सुबह ताजगी के साथ उठने की बजाए आप अधूरी नींद में करवटें बदलते रहेंगे व सुबह तक हालत पस्त होगी। यह समस्या तब और भी गंभीर हो जाती है जब आपको सुबह जल्दी उठ कर कोचिंग, स्कूल या कॉलेज के लिए तैयार होना पड़ता है।

नींद के दौरान शरीर अपना रख-रखाव व मरम्मत करता है। आपके जोड़ों व मांसपेशियों को लगातार इस्तेमाल के बाद थोड़ी राहत मिलती है व हृदयगति भी विश्रामावस्था में आ जाती है। इसी दौरान शरीर से वृद्धि हारमोनों का स्त्राव होता है, जो आपके कद को बढ़ाते हैं। (गहरी नींद के दौरान भी)

जब मॉम कहती है कि सोने जाओ, तुम्हें भरपूर नींद चाहिए तो वे गलत नहीं कहती। यदि सोने का पैटर्न सही न हुआ तो एनर्जी का स्तर नीचा रहेगा। आप हमेशा थके हुए व चिड़चिड़े बने रहेंगे।

लैब रिपोर्ट

नींद के दौरान जी एच नामक ग्रोथ हार्मोन का स्त्रव होता है। यह प्यूबर्टी के दौरान सदा स्त्रवित होता रहता है। यह पूरी तरह से नियमित टाइम टेबल में आता है, जिससे आपकी वृद्धि का पैटर्न सुनिश्चित होता है।

नींद के दौरान, शरीर के साथ-साथ दिमाग भी अपना काम करता है। अध्ययन कहते हैं कि नींद के दौरान भी दिमाग पूरी तरह से सक्रिय होता है। यह पूरे दिन में एकत्र की गई सूचना का संग्रह करता है। आपकी नींद का पैटर्न सपना रहित नींद, गहरी नींद या नींद के दौरान सपनों में बंटा होता है। सपनों के माध्यम से दिमाग दिन भर की जानकारी की छंटनी व संग्रह करता है।

यह अतिव्यस्त मस्तिष्क गतिविधि ही आपको अगले दिन के लिए तरोताजा बनाती है। यदि आप स्वभाव से मूडी, झक्की व चिड़चिड़े नहीं बनना चाहते तो भरपूर नींद लें व ताजी सुबह के साथ उठ कर गुड मार्निंग कहें।

पूरी रात की भरपूर नींद कैसे पाएं

- ऐसे पदार्थों की मात्रा घटाएं जो अच्छी नींद लाने में बाधा बन सकते हैं - कॉफी में पाई जाने वाली कैफीन, चाय, कोला व चॉकलेट आदि।
- सोने से पहले मन व शरीर को रिलैक्स करने का प्रयत्न करें। कोई किताब पढ़े, आरामदायक संगीत सुनें या स्नान के दौरान एरोमाथेरेपी तेलों का इस्तेमाल करें।
- हर रोज एक तय समय पर सोने व उठने की आदत डालें ताकि शरीर को नींद का उचित पैटर्न मिल सके।

नींद के दौरान ही शरीर कोशिकाओं को नया रूप मिलता है। त्वचा व आंखों की चमक के लिए, एक भरपूर नींद बहुत मायने रखती है। सबसे खास बात यह है कि नींद की भरपूर मात्रा आंखों के नीचे काले घेरे नहीं पड़ने देगी, जो इस बात का साफ संकेत देते है कि आपने अपनी ब्यूटी स्लीप नहीं ली।

36

अपनी त्वचा का ध्यान रखें

प्रदूषण, सूरज की तेज रोशनी व आपके क्रेजी हारमोन मिल कर स्किन को नुकसान पहुंचाते हैं। नतीजन, आपकी त्वचा रूखी व खुरदरी हो जाती है, उस पर मुहांसे व ब्लैक हैड निकल आते हैं, उफ!

पहले अपनी स्किन टाइप पहचानें व रोज के लिए एक क्लीनिंग रूटीन अपनाएं। स्किन की क्लीजिंग, टोनिंग व माइश्चराइजिंग के लिए सही तरह के उत्पाद इस्तेमाल करें। यदि कोई संदेह हो तो त्वचा-विशेषज्ञ की राय लें।

क्या आप एक्ने से परेशान है ?

परीक्षाओं के दिनों में मेरा तनाव इतना बढ़ जाता था कि क्या कहूं। कुछ समय पहले ही शेव करना शुरू किया था। त्वचा संक्रमित हो जाती और हाथों पर तो और भी मुश्किल हो जाती।

फिर मैंने अपनी बहन आलिया से सलाह मांगी उसने मुझे स्किन क्लीजिंग रूटीन के बारे में बताया, मैं तो यही सोचता था कि वह सिर्फ लड़कियों के लिए होता होगा, पर कहना पड़ेगा कि इससे तो काफी फर्क आया। मैंने त्वचा की देखभाल के लिए क्लींजर, टोनर

व माइश्चराइजर का प्रयोग किया। ताजे पानी, फल व सब्जियों की मात्रा बढ़ा दी (साथ ही बहन की सलाह पर चलने लगा)।

अब वह चाहती है कि में एक गर्लफ्रैंड चुन लूं पर मेरा कहना है कि मैं तो अकेला ही भला।

- सिड, 17

लैब रिपोर्ट

एक्ने दस साल की आयु से भी निकलने शुरू हो सकते हैं। जब सीवैशियस ग्रंथियां अधिक मात्र में तेल बनाने लगती है तो त्वचा के रोमछिद्र बंद हो जाते हैं। हारमोनल बदलाव भी एक कारण होते हैं। वैसे तो किशोरावस्था के बाद एकने नहीं होते। कुछ किशोरों में यह समस्या अधिक नहीं होती तो कईयों को काफी गंभीर किस्म के दर्दनाक व मवाद वाले एक्ने का सामना करना पड़ता है, जिसके लिए मेडिकल देखभाल जरूरी हो जाती है।

89 प्रतिशत किशोरों में किसी न किसी रूप में एकने विकसित होते हैं

- एक्ने नियंत्रित हो सकते हैं।
- हल्के क्लींजर से, दिन में दो बार मुंह धोएं। यदि त्वचा तैलीय है तो दोपहर को भी मुंह धोएं।
- स्क्रब का प्रयोग न करें। इससे त्वचा से अधिक तेल निकलेगा व संक्रमण भी फैलेगा।
- एक्ने छेड़ने या दबाने से, चेहरे पर निशान पड़ेंगे।
- यहां तक कि चिबुक पर हथेली टिकाने से भी एक्ने हो सकते हैं।
- यदि एकने के लिए दवा ले रहे हैं तो सूर्य की रोशनी में अधिक समय न बिताएं।
- गर्ल्स! अगर मेकअप से एक्ने होते हैं तो अपने मेकअप का सामान बदलें। ऑयल-फ्री मेकअप करें। कोई संदेह हो तो लेबल पढ़ें। लड़कों को चाहिए कि वे शेव करने से पहले गुनगुने पानी व साबुन के प्रयोग से त्वचा को हल्का नर्म कर लें।

37

व्यायाम संबंधी सवाल

एक टीनएजर होने के नाते, आप सभी व्यायाम की आदतें विकसित कर रहे हैं तो बेहतर होगा कि अभी से सही/गलत का पता लगा कर चलें। यदि यह मौका खो गया तो आप आजीवन अस्वस्थ आदतों के साथ बिताएंगे, जिनसे फायदे की बजाए नुकसान ही अधिक होगा।

मैंने यहां कुछ ऐसी बातें बताई हैं, जिन्हें तकरीबन सभी लोग जानना चाहते हैं। देखें कि यहां आपको अपने काम का क्या मिल सकता है।

प्र. क्या आप कुछ व्यायामों के नाम व उनसे खर्च होने वाली कैलोरी के बारे में बता सकती हैं?

टहलना : बस वॉकिंग जूते पहनें व सैर को निकल जाएं, कहीं भी, कभी भी।

कैलोरी व्यय : 300 प्रति घंटा

पहाड़ी पर चलना : चलने की गहनता बढ़ती है। टांगों व नितंबों को आकार मिलता है।

कैलोरी व्यय 400 प्रति घंटा

तैराकी : एक सुरक्षित व कम प्रभावी वाली कसरत, जो पूरे शरीर के लिए काम करती है।

कैलोरी व्यय : 400 प्रति घंटा

साईकिल : आउट डोर/इनडोर साईकिलिंग शरीर के निचले हिस्से के लिए जबरदस्त वर्कआउट है।

कैलोरी व्यय : 350 प्रति घंटा।

टेनिस/स्क्वैश/बैडमिंटन : खेल का अपना ही आनंद होता है।

कैलोरी व्यय : 400 प्रति घंटा

ट्रेंपोलिन पर कसरत : ट्रैपोलिन पर जॉग

कैलोरी व्यय : 300 प्रति घंटा

दौड़ : गति पकड़ें, पावर को महसूस करें, एक जबरदस्त एक्सरसाइज

कैलोरी व्यय : 400 प्रति घंटा

पंच व किक : पंचिंग बैग या स्पीड बैग व दस्ताने खरीदें

कैलोरी व्यय: 400 प्रति घंटा

तथ्य

प्र. मैंने हाल ही में व्यायाम करना आरंभ किया है। पर फिर भी वजन क्यों बढ़ा?

उ. यह सच नहीं कि कसरत करते हैं तो कुछ भी खाते रहने से काम चल जाएगा। वजन घटाने के लिए डाइट पर भी ध्यान देना होगा। कम वसा युक्त भोजन खाने से ही लाभ हो पाएगा।

अपनी भूख पर काबू पाना सीखें। भूख सच्ची है या नहीं, यह जानने के लिए खाने से पहले थोड़ा इंतजार करें। खुद को बीस मिनट दें। यदि फिर भी भूख लगी है तो शरीर भोजन मांग रहा है। यदि नहीं तो यह सब खाने की लत है, इस पर काबू पाएं।

प्र. क्या यह फैक्ट है कि अगर पसीना ज्यादा आया है तो आपने प्रभावी रूप से वर्कआउट किया है।

उ. जी नहीं, कई बार कुछ किशोरों को वैसे ही ज्यादा पसीना आता है, फिर चाहे वे कड़ी कसरत करें या नहीं। योग, वेट ट्रेनिंग या वॉक में भले ही पसीना नहीं आता पर वे व्यायाम तो है। पसीना आना तो एक प्रक्रिया है जिसके द्वारा शरीर स्वयं को ठंडा करके सामान्य तापमान पर लाता है। यह संतुष्टिदायक व्यायाम का सूचक नहीं है।

प्र. क्या लो–इंपैक्ट व्यायाम की तुलना में मुझे हाई–इंपैक्ट व्यायाम से बेहतर नतीजे मिलेंगे।

उ. नहीं, हाई इंपैक्ट का अर्थ है कि व्यायाम के दौरान दोनों का निरंतर जमीन से संपर्क टूटा रहेगा। जैसे – दौड़, कूद, पावर स्टैप या कार्डियो किक–बॉक्सिंग।

वहीं दूसरी तरफ, लो–इंपैक्ट एरोबिक में भी उतनी ही गहनता हो सकती है पर हाई–इंपैक्ट की तुलना में चोट लगने की संभावना कम होती है। इसमें व्यायाम के दौरान एक पैर तो हमेशा ही जमीन के संपर्क में रहता है। यदि आपका वजन ज्यादा है या सेहत से जुड़ी कोई दूसरी दिक्कत है तो आपको ऐसी कसरत करने की सलाह दी जाती है। जैसे वॉकिंग, साईकलिंग या तैराकी।

प्र. मैं अक्सर स्कूल से आते ही स्नैक लेकर जिम जाता हूं। पर कसरत के दौरान आलस आ जाता है, क्यों?

उ. अगर भारी स्नैक या खाना लेंगे तो कसरत से दो घंटे पहले ले लें क्योंकि शरीर भी भोजन को पाचन में समय लेता है। इस तरह शरीर की उर्जा पाचन में व्यस्त हो जाती है। फिर आलस, पेट में ऐंठन, दर्द व गड़बड़ी जैसी समस्याएं सामने आती है।

फिट टिप : कसरत के लिए प्रतीक्षा का समय इस बात पर निर्भर करता है कि आपने क्या व कितना खाया है। पूरा खाना खाया हो तो लंबा इंतजार करना होगा। यदि केला, सेब या संतरा जैसे हल्का व पौष्टिक स्नैक लिया है तो इसे खाने के तीस मिनट बाद जिम जा सकते हैं।

प्र. व्यायाम करने से शरीर की शेप बनने लगी, कमर व जांघों से भी कुछ इंच घटे पर वजन का कांटा अब भी वहीं है। समझ नहीं आया, ऐसा क्यों?

उ. बधाई हो, आपने नियमित व्यायाम से वसा की मात्रा तो घटा ही ली साथ ही मसल्स बढ़ा लिए। यह याद रखें कि मसल्स वसा से भारी होते हैं। तभी वजन में अंतर नहीं आ रहा है। वैसे घटते इंच दर्शाते हैं कि आपके मसल्स मजबूत व फिट हैं – एक टोंड व ट्रिक्ड शरीर के लिए परफेक्ट फिटनेस फार्मूला।

प्र. मेरे शरीर के कुछ खास हिस्सों से वजन घटाना संभव होगा?

उ. आपका शरीर पहले से तय जेनेटिक्ल तरीके से ही वजन घटाता है इसलिए काफी हद तक आप बेसिक शेप पर कोई नियंत्रण नहीं पा सकते। व्यायाम से किसी जगह विशेष की मांसपेशियों को मजबूत व टोंड बना सकते

हैं। पर फालतू चर्बी घटानी है तो कैलोरी की मात्रा घटा कर, एरोबिक व्यायाम करने होंगे।

प्र. क्या वेट ट्रेनिंग बंद करते ही मसल वसा में बदल जाएंगे?

उ. कभी नहीं, मसल्स व वसा दो अलग चीजें हैं। ये आपस में कभी नहीं बदल सकते। व्यायाम बंद करने से ट्रेंड मसल्स, व्यायाम से पहले वाली अवस्था में आ जाएंगे।

प्र. मुझे अस्थमा है। मैं कौन से व्यायाम कर सकता हूं?

उ. यदि अस्थमा नियंत्रित है तो आप एक्सरसाइज कर सकते हैं। कसरत से फेंफड़े व शरीर ठीक रहेंगे।

श्वसन व्यायाम से फेफड़ों को मजबूती मिलेगी दवा व मेडीकल समझ-बूझ से भी लाभ होगा व शारीरिक थकान के लिए सहनशीलता विकसित होगी। उचित व्यायाम से तनाव घटेगा, नींद बेहतर होगी व आप पहले से बेहतर महसूस करेंगे।

डॉक्टर की राय लें : किसी भी तरह का एक्सरसाइज प्रोग्राम शुरू करने से पहले पूरी मेडिकल जांच करवाएं व डॉक्टर की राय लें। यदि दमा काबू में न हो, या खांसी व सर्दी हो तो व्यायाम न करें। हमेशा ध्यान रखें :

- व्यायाम से पहले वार्म-अप के लिए अतिरिक्त समय लें। लंबे समय तक कम-तर की एरोबिक गतिविधि से आप उच्च व गहन व्यायाम के लिए तैयार हो पांएगे।
- कूल डाउन सत्र में हड़बड़ाहट न करें, इसे बढ़ाने से भी दमा का अटैक हो सकता हैं
- शरीर के संकेत पहचानें, जरूरत महसूस होते ही विश्राम करें।
- प्रदूषित वातारण, सर्दी या शुष्क हवा में व्यायाम करने से बचें।
- शरीर में पानी की कमी न होने दें।

38

जरा सोचें

खाना किसे पसंद नहीं होता। मैं खुद खाने की शौकीन हूं। मैं भी चिली चीज टोस्ट देख कर ललचा जाती हूं और भरपूर चॉकलेटी ट्रफल केक का टुकड़ा मिलने पर खुद को रोक नहीं पाती। हालांकि, मैं मानती हूं कि यह फिट रहने का कोई सही तरीका नहीं है।

बस खास बात यह है कि भोजन को अपने जीवन पर हावी न होने दें। बेशक स्पेशल ट्रीट लें लेकिन यह भी याद रहें कि आपके खानपान से फिटनेस, छवि व उर्जा के स्तर का गहरा नाता है।

अगर बिना सोचे-समझे कुछ भी खाते रहें तो शरीर कभी आपके कहने में नहीं रहेगा।

डोंट केयर रवैया अपनाने वालों की फालतू चर्बी, बेजान रूखे बाल व घटता उर्जा स्तर दूर से ही दिखता है वहीं दूसरी ओर कम खाने से भी शरीर प्रतिक्रिया देता है।

चेहरा पीला व बेजान लगता है। बाल गिरने लगते हैं, आंखों के नीचे काले घेरे हो जाते हैं तथा ऐसी ही कई परेशानियां घेर लेती हैं। त्वचा बेजान हो जाती है व मुंह से बदबू आने लगती हैं।

चाहे आप स्वास्थ्य के प्रति जागरूक न भी हों, तो भी शरीर की ओर से मिलते संकेंतों को अनदेखा न करें। आहार को शरीर के हिसाब से लें ताकि बेहतर महसूस कर सकें।

यह कैसे काम करेगा। दिन में छः सात बार, सोच-समझ कर खाएं। तीन पूरे भोजन लें, जिनमें चार खाद्य समूह शामिल हों - अनाज, प्रोटीन युक्त पदार्थ, फल व सब्जियां तथा वसा। नियमित अंतराल पर स्वस्थ स्नैक लें।

बेशक आपने लाखों बार सुना होगा कि जंक या फॉस्ट फूड ज्वाइंट से सेहत का कोई लेन-देन नहीं। बेशक वहां के फ्राइड चिकन बक्कर या चिप्स के पैकेट का लालच छोड़ना भी मुश्किल होगा लेकिन आने वाले अध्यायों से आप जान सकते हैं कि दोस्तों के साथ अच्छा समय बिताने के साथ-साथ; हेल्दी ईटिंग को कैसे अपना सकते हैं।

39

फॉस्ट फूड से परहेज

पता करें कि आप कहां फिट हैं

चलिए, आपके खानपान की आदतों को फास्ट फूड से फास्टिंग तक लाते हुए तय करते हैं। आप नीचे दी गई सूची के माध्यम से अपनी फूड पर्सनेलिटी को खुद ही जान सकते हैं :

फॉस्ट फूड जंकी 0 रेटिंग

आप बर्गर, पिज्जा, फ्राईज, एरियोटिड साफ्ट ड्रिंक्स, फ्राईड स्नैक्स के दीवाने हैं व आपकी प्लेट में फलों या सब्जियों की कोई जगह नहीं है। आउच!

ओवर इंडल्जर * * रेटिंग

आप भोजन को इतना पसंद करते हैं कि अक्सर जरूरत से ज्यादा खा लेते हैं। पेट भरने के बावजूद लालच बना रहता है। ध्यान दें, वरना आपकी कमर को फैलने में देर नहीं लगेगी।

बैलेंस्ड ईटर * * * * रेटिंग

आप नियमित अंतरालों पर कम मात्रा में खाते हैं। आप डाइट के प्रति सावधान हैं तथा अधिकतम पोषण पाना चाहते हैं। आप फालतू कैलोरी लिए बिना, सीरीयल, फल व सब्जियां, प्रोटीन से भरपूर खाद्य पदार्थ व वसा लेने में विश्वास रखते हैं। यू रॉक!

ऑन एंड ऑफ डाईटर * ** रेटिंग

यूं तो खाते समय पूरा ध्यान देते हैं परंतु निरंतर सतर्क नहीं रह पाते। हो सकता है कि कुछ दिनों तक आप हिसाब से खाते रहें और फिर कुछ दिन

तक खुद को भूखा ही मार दें, ताकि वजन घट सके। यह चेक या डाइटिंग आपकी लुक्स व फिटनेस लेवल पर साफ दिखाई देती है।

फूड डिप्राईव्ड रैक * रेटिंग

आपको लगता है कि एक सलादपत्ता ही लंच होता है। कई बार आप नाममात्र के आहार पर दिन काट देते हैं तथा यही मानते हैं कि यह बुनियादी पोषण के लिए काफी था। आपने मसल्स मास व टोन खो दिया, आपका शरीर झूलता व सेहत बिगड़ चुकी है – अभी से मदद लें।

0 ऊप्स! * ** यह शुरुआत है * * * * पहुँच रहे हैं

इतना बुरा नहीं * * वाऊ!

अब कुछ हल

फास्ट फूड जंकी : जंक फूड खाने की मात्रा सीमित करने का प्रयास करें। जंक फूड की दुकानों के आगे से निकलने की बजाए रास्ता बदल लें। स्वयं को विविध गतिविधियों में व्यस्त रखें। घर में, अपने फ्रिज में मनपसंद फल, स्प्राउट, सब्जी, दही व दूसरे हेल्दी स्नैक रखें ताकि भूख लगने पर वही खाए जाएं।

ओवर इंडल्जर – जरूरत से ज्यादा खाने को रोकना थोड़ा मुश्किल है।

आपको अपने खाने के हर कौर को धीरे-धीरे चबा कर खाना चाहिए ताकि ठूंस-ठूंस कर खाने से पहले ही पेट भर जाए। अगर आप खाने के साथ पानी, ग्रीन टी, नारियल पानी, नींबू पानी या कोई सूप लेंगे तो भूख पर काबू पाना थोड़ा आसान हो जायेगा।

बैलेंस्ड ईटर – परफेक्ट! आपको तो किसी सलाह की जरूरत ही नहीं है। जस्ट कीप इट अप! हो सकता है कि आप दोस्तों के लिए मिसाल बन सकें।

ऑन एंड ऑफ डाईटर : पूरी कोशिश तो कर रहे हैं। पर बात नहीं बन रही। यदि आप लो कार्ब या हाई प्रोटीन जैसी पाबंदियों के साथ चल रहे हैं तो यह पूरी तरह से अप्राकृतिक हैं। बेहतर होगा कि आप अपने शरीर को संतुलित पोषण प्रदान करें। गलत तरीके से खाने की बजाए नियमित अंतराल पर थोड़ी-थोड़ी मात्रा में खाएं।

फूड डिप्राईवड रैक : खानपान की आदतों पर एक बार फिर से विचार करें। जितनी जल्दी आदत बदल लें, उतना ही बेहतर होगा। कृपया याद रखें कि भोजन आपके लिए अच्छा है। फल, सब्जियां, दूध व अंकुरित अनाज खाएं। धीरे-धीरे भोजन की मात्रा बढ़ाएं व संतुलित मैन्यू के लिए इसमें होल ग्रेन सीरीयल व प्रोटीन से भरपूर खाद्य पदार्थ शामिल करें।

40

पोषण प्रश्नावली

बॉडी अलर्ट! आप जो भी खाते हैं या नहीं खाते, वह सब चेहरे पर दिखता है। यह प्रश्नावली आपकी मौजूदा पोषण संबंधी आदतों के लिए जागरूकता पैदा करेगी व आपको कदम दर कदम आदतों में सुधार लाने में सहायक होगी ताकि आप बेहतर दिखें व महसूस कर सकें।

छोटे बदलाव बड़ा अंतर लाते हैं।

15 प्रश्न, जो आपका जीवन बदल देगें

1. क्या आप नियमित रूप से खाते हैं? (आदर्श तौर पर, 2 से 3 घंटे में)

अ) कभी नहीं

ब) कभी-कभी

स) हमेशा

2. आप प्राय: कितनी बार खाना छोड़ते हैं?

अ) हमेशा

ब) कभी-कभी

स) कभी नहीं

3. क्या आप रोज नाश्ता करते हैं?

अ) कभी नहीं

ब) कभी-कभी

स) हमेशा

4. क्या डिनर आपके भोजन का सबसे बड़ा हिस्सा है?

अ) हमेशा

ब) कभी-कभी

स) कभी नहीं

5. क्या प्रतिदिन 8 से 10 गिलास पानी पीते हैं?

अ) कभी नहीं

ब) कभी-कभी

स) हमेशा

6. क्या आप प्रतिदिन दो कप से अधिक चाय-कॉफी लेते हैं?

अ) हमेशा

ब) कभी-कभी

स) कभी नहीं

7. क्या आप प्राय: चीनी युक्त फ़िजी ड्रिंक लेते हैं?

अ) हमेशा

ब) कभी-कभी

स) कभी नहीं

8. प्राय: कितनी बार दस बजे के बाद डिनर लेते हैं?

अ) हमेशा

ब) कभी-कभी

स) कभी नहीं

9. क्या आप रिफाइंड व प्रोसेस्ड भोजन की बजाए साबुत अनाज लेते हैं?

अ) कभी नहीं

ब) कभी-कभी

स) हमेशा

10. क्या सप्ताह में एक से अधिक बार बाहर खाते हैं?

अ) हमेशा

ब) कभी-कभी

स) कभी नहीं

11. क्या आप प्रतिदिन फल-सब्जियां खाते हैं?

अ) कभी नहीं

ब) कभी-कभी

स) हमेशा

12. क्या आप प्राय: तनाव के कारण खाते हैं?

अ) हमेशा

ब) कभी-कभी

स) कभी नहीं

13. क्या आप वजन घटाने के लिए फ्रेश डाइट करते हैं?

अ) हमेशा

ब) कभी-कभी

स) कभी नहीं

14. क्या आप भोजन के बीच लिए जाने वाले स्नैक्स अच्छी तरह चुनते हैं। (जैसे फल, सब्जियां, अंकुरित अनाज, जूस, साबुत अनाज की ब्रेड, नारियल पानी या कुकीज़ या तला-भुना भोजन)

अ) कभी नहीं

ब) कभी-कभी

स) हमेशा

15. क्या आप अधिक चीनी व वसा युक्त भोजन लेते हैं, जैसे - (अंडे, चीज़, मक्खन, चॉकलेट चिप्स, रिफाइंड चीनी आदि)

अ) कभी नहीं

ब) कभी-कभी

स) हमेशा

अपने अंक कैसे गिने

कुल अंक से आपके पोषण स्तर का पता चलेगा। सबसे पहले तो सही उत्तर पर निशान लगाएं। अब यहां दिए अंक गिन कर कुल अंक जान लें।

अ) 3 अंक

ब) 2 अंक

स) 1 अंक

प्रश्नावली के परिणाम

17 या इससे कम अंक : ये स्वस्थ पौष्टिक आदतों के सूचक हैं। आप जो भी खाते हैं उस पर केंद्रित रहते हैं। आपका भोजन नियमित व सुनियोजित होता है। गुड वर्क! कीप इट अप।

18 व 27 के बीच अंक : यह थोड़ी कम स्वस्थ आदतों के सूचक हैं। जिनमें सुधार हो सकता है। बस यह ध्यान दें कि सुधार के लिए क्या करना होगा। आप छोटे-मोटे बदलावों से पूरी सेहत में बड़े बदलाव ला सकते हैं।

28 अंक से अधिक : यह सूचक है कि आपको अपने पोषण व स्वास्थ्य पर गंभीरता से ध्यान देना होगा। इस मूल्यांकन को एक नई शुरुआत मानें। आपको अपने डाइट प्लान में सुधार लाने के साथ कुछ ऐसे बदलाव भी लाने होंगे, जो आपका कायाकल्प कर सकें।

इन अंकों का अपने लाभ के लिए कैसे प्रयोग करें

एक बार इन्हें जानने के बाद, आपको अपनी वास्तविक स्थिति का अनुमान हो जाए। बेहतर होगा कि आप एक न्यूट्रीशनल डायरी बना लें। यह प्रगति का मूल्यांकन करने के साथ-साथ रिकॉर्ड रखने के भी काम आएगी।

41

वजन घटाने से पहले ध्यान दें

यदि मैंने अगले दो सप्ताह में पांच किलो वजन घटाया तो मैं वह लक्ष्य पा लूंगा, जो मैंने पिछले नए साल में तय किया था।

वजन घटाने का यह तरीका पूरी तरह से गलत व भयंकर हो सकता है।

जरा हंस लें

फेड डाइट आती-जाती है पर वजन जाता है और लौट आता है।

क्विक फिक्स या फेड डाइट को कैसे पहचानें?

- केवल एक ही प्रकार के आहार की अनुशंसा या कई खाद्य समूहों को घटाना
- असंतुलित डाइट, जैसे रोज प्रोटीन व फैट की अधिक मात्रा लेना या कार्ब व फैट की कम मात्रा लेना।
- वसा घटाने के लिए मैजीकल फूड का प्रचार
- एक सप्ताह में किलो से भी ज्यादा तेजी से वजन घटाना
- शारीरिक गतिविधि बढ़ाने में असफल
- प्रतिदिन 1200 से भी कम कैलोरी लेना।

याद रखें कि जो भी डाइट सुनने में क्रेजी या अवास्तविक लगे, वह यही है। अगली बार जब दोस्त के साथ मिल कर, वजन घटाने की डाइट प्लान करें तो नजर मार लें कि ये फेड डाइट क्या है व कारगर क्यों नहीं होती ।

द एटकिंस डाइट

यह संभवत: सबसे जानी-पहचानी लो-कार्ब व हाई-प्रोटीन डाइट है। यह डाइट दावा करती है कि आप मनचाहा प्रोटीन व वसा खाने के बाद भी वजन घटा सकते हैं। इसके अनुसार कार्ब घटाने से वजन घटता है।

कार्ब को घटा देने या सीमित मात्रा में लेने से शरीर को पोषक संतुलन नहीं मिल पाता। जरा देखें कि यह हाई-प्रोटीन डाइट खाने से क्या होता है। प्रोटीन अम्लीय होता है इसलिए किडनी को इसे संतुलित करने के लिए आपके शरीर से कैल्शियम लेना पड़ता है। अगर शरीर में पर्याप्त कैल्शियम नहीं होगा तो वह आपकी हड्डियों से लिया जाएगा व आप ऑस्टियो पोरोसिस का शिकार हो जाएंगे।

यदि यही असंतुलित डाइट लेना जारी रहा तो शरीर जल्दी उस फास्टिंग अवस्था में आ जाएगा जिसे केटोसिस कहते हैं, इसमें शरीर वसा की बजाए मसल्स टिश्यू को मेटाबोलाइज करने लगता है। इनकी वजह से मसल ब्रेकडाउन, डीहाईड्रेशन, सिरदर्द या किडनी के रोग हो सकते हैं। पानी व मसल्स की कमी के कारण वजन घटता है। एक बार, जब आप यह डाइट लेना छोड़ देते हैं तो खोया हुआ वजन फिर से लौट आता है।

द ज़ोन डाइट

इस मील प्लान को इस तरह नियोजित किया जाता है कि इसमें 40 प्रतिशत कैलोरी कार्ब से, 30 प्रतिशत प्रोटीन से तथा 30 प्रतिशत वसा से ली जाती है। सभी मील व स्नैक को इस 40-30-30 वितरण दर के हिसाब से चलना होता है। माना जाता है कि खानपान के इस पैटर्न के साथ शरीर को अपने सबसे अधिक परफारमेंस ज़ोन के साथ काम करना पड़ता है ताकि अधिकतम उर्जा के साथ वजन घटे।

हां, पहले-पहल आपका वजन घटेगा पर आपको हर मील को इस तरह प्लान करना होगा कि हमेशा 'ज़ोन' में रह सके। जरा यह भी सोचें कि हमेशा 40-30-30 का अनुपात बनाए रखना कितना कठिन होता होगा।

डाइट कार्ब में लो तथा प्रोटीन से भरपूर है जबकि आदर्श कार्ब ग्रहण 55 से 60 प्रतिशत होना चाहिए तथा प्रोटीन ग्रहण 12 से 15 प्रतिशत होना चाहिए।

एक लो-कार्ब डाइट आपकी उर्जा सोख भी सकती है। यह डाइट फाइबर में कम होती है जिसे अप्राकृतिक भोजन संतुलन पैदा होता है।

द नो-फेड डाइट

प्रायः नो फेड डाइट के कारण हाई-कार्ब की खपत बढ़ती है। तथा लो-फैट फूड की मात्रा भी अधिक हो जाती है जो प्रायः शुगर के स्तर में हाई तथा अधिक कैलोरी युक्त होती है।

वसा न लेना या कम वसा लेने को कुपोषण से जोड़ा जा सकता है। इसमें काम करने की क्षमता घटती है, उर्जा का कम व्यय होता है तथा ऑस्टियोपोरोसिस का खतरा बढ़ जाता है जबकि उच्च वसा युक्त भोजन, वजन बढ़ने का प्रमुख कारण होते हैं, इसमें की जाने वाली कटौती से काफी नुकसान हो सकता है कुछ स्वस्थ वेट लॉस प्लान, सीमित मात्रा में वसा लेने की सलाह देते हैं।

वसा से उर्जा उत्पन्न होती है ताकि इम्यून कार्यक्षमता में सुधार हो सके तथा शरीर में पर्याप्त हारमोनों का उत्पादन हो सके। वसा स्वस्थ बालों व त्वचा के लिए भी महत्वपूर्ण है।

द ग्रेपफूड डाइट

इस डाइट के अनेक संस्करण उपलब्ध है। बस आपको हर मील के बाद आधा ग्रेपफ्रूट खाना होगा।

इस डाइट को लेने का उद्देश्य यही है कि प्राकृतिक रूप से वसा घटाने वाले एंजाइम लिए जाएं तो ग्रेपफ्रूट (चकोतरा) में पाए जाते हैं। इससे वजन तेजी से घटता है जो कि पानी की कमी से होता है। दिन में, 800 से भी कम मात्रा में कैलोरी लेने से, यह लो कैलोरी डाइट बन जाती है। इसमें महत्वपूर्ण खाद्य समूह शामिल नहीं होते, जैसे-विटामिन व खनिज लवण! जरूरत से ज्यादा लो-कैलोरी डाइट होने के कारण सह सेहत के लिए नुकसानदायक हो सकता है।

फेड डाइट से बचने के 10 कारण :

1. वजन घटाने का एकमात्र लक्ष्य यही हो कि आपने वसा को घटाना है, पानी व मसल्स को नहीं। वजन जितना धीरे घटेगा, उतनी अधिक मात्रा में वसा कम होगी। जितनी तेजी से वजन घटेगा, मसल्स व पानी की कमी ज्यादा होगी।
2. खानपान से आपको सफलतापूर्वक वजन घटाने की स्थिर शक्ति प्राप्त होती है। खाली पेट या भूखे रहने से नहीं।
3. नियमित रूप से भोजन लेने से मेटावॉलिज्म की दर ठीक बनी रहती है। मेटावॉल्जिम वह दर है, जिससे आपका शरीर कैलोरी घटाता है।
4. जब आप पर्याप्त मात्रा में भोजन लेंगे तभी व्यायाम के माध्यम से कैलोरी व्यय कर सकेंगे।
5. आपकी लुक्स प्रभावित होती है।
6. आप काफी अस्वस्थ व सुस्त दिखते हैं।
7. बाल गिरने लगते हैं।
8. आप सही तरह से सोच नहीं पाते क्योंकि मस्तिष्क भी भोजन चाहता है।
9. आप मूडी व चिड़चिड़े हो जाते हैं।
10. लंबे समय में आपका वजन पहले से भी ज्यादा हो जाता है।

मैंने पत्तागोभी सूप डाइट जैसी मूर्खता पहले कभी नहीं की। इसकी बजाए उचित मात्रा में अच्छा व प्राकृतिक भोजन लेना चाहिए..... याद रखें कि चाय, चीनीयुक्त व फिज्ज़ी ड्रिंक्स से कहीं अच्छा व बेहतर विकल्प है।

- शिल्पा शेट्टी

42

खान-पान में गड़बड़ी

डायटिंग एक प्रकार का भोजन नियंत्रण है पर क्या आप जानते हैं कि कई किशोर व खासतौर पर लड़कियां आपनी लुक्स व बॉडी इमेज के लिए इतनी चिंतित होती है कि वे अपनी लुक्स के बारे में अवास्तविक इमेज गढ़ लेती हैं। इस तरह वे ईटिंग डिसऑडर्स यानी खानपान की अव्यवस्था के चंगुल में फंस जाती है।

लाखों लड़कियां एनोरेक्सिया नर्वोसा, बुलीमिया व बिंग ईटिंग की शिकार है। इनके लक्षणों में जरूरत से ज्यादा व्यायाम, वमन करन, व वजन घटाने के लिए लेक्सेटिव आदि पर निर्भर रहना शामिल है।

शायद आप में से कईयों को तो इनके बारे में पता भी नहीं होगा। आप सोच सकते हैं कि यह समस्या होती ही क्यों है? इसके लिए कई कारक उत्तरदायी हैं - बॉडी केमिस्ट्री, पर्सनेलिटी टाइप, सेल्फ एस्टीम, पर्यावरण व जेनेटिक्स।

ईटिंग डिसऑडर्स कई रूपों में सामने आते हैं, कईयों के तो लक्षण भी आपस में मिले होते हैं। मैं आपको कुछ खास के बारे में बताने जा रही हूं।

एनोरेक्सिया

यदि आपकी कोई सहेली एनोरेक्सिया है तो शायद आप बता सकती है क्योंकि ऐसे लोग बहुत कम खाते हैं। उनके पतले शरीर दूर से ही पहचाने जाते

हैं। उनमें छवि के साथ-साथ व्यवहार संबंधी बदलाव भी आते हैं। वे हमेशा इसी डर के साए में जीते हैं कि, कहीं वजन न बढ़ जाए।

एनोरेक्सिक लड़कियां

40 प्रतिशत से अधिक एनोरेक्सिक, लड़कियां हैं, जो पंद्रह से उन्नीस वर्ष के बीच की हैं।

इस स्थिति की गंभीरता को दर्शाने के लिए मैं बता दूं कि एनोरेक्सिया को किसी भी साइक्रेटिक समस्या में सबसे अधिक मृत्यु दर वाला माना जाता है। 20 प्रतिशत तक एनोरेक्सिया रोगी इन्हीं कारणों से मृत्यु को प्राप्त होते हैं। मैं आपको डराना नहीं चाहती पर अगर आप समस्या के आरंभ से ही संभल जाएं तो बेहतर होगा।

ऐसे रोगी के वजन को बढ़ाने का प्रयास किया जाता है तथा बीमारी से संबंधित साइक्लोजिकल डिसआर्डर का इलाज किया जाता है। उसके बर्ताव व सोच में बदलाव लाने का भी प्रयत्न किया जाता है।

बुलीमिया

– **श्रीलता, 16**

यह मेरे स्कूली जीवन की सबसे प्यारी सहेली साक्षी के जीवन की सच्ची घटना है। वह अब सोलह साल की है तथा बुलीमिया से ग्रस्त है। आपने सुना होगा कि बुलीमिया नर्वोसा एक ईटिंग डिसऑर्डर है। पहले आप अनाप-शनाप खाते हैं और फिर पेट में गए उस भोजन से छुटकारा पाने की कोशिश करते हैं।

बुलीमिया की समस्या 13 से 18 वर्ष के बच्चों में आम है, खासतौर से लड़कियों में। मुझे याद है कि साक्षी पंद्रह साल की उम्र में बुलीमिया ग्रस्त हुई। तब तक वह थोड़े भारी शरीर की थी। लड़के उसे चिढ़ाते और वह अपने वजन को लेकर काफी संवेदनशील भी थी।

जब तक मैंने साक्षी को स्कूल के बाथरूम में उल्टी करते नहीं देखा था, तब तक मुझे पता नहीं था कि बुलीमिया क्या होता है। उसने कहा कि उसका पेट ठीक नहीं था। मुझे कोई शक नहीं हुआ। कुछ सप्ताह बाद, उसकी मम्मी पद्मा आंटी ने मुझसे कहा कि साक्षी कमजोर व बीमार दिख रही थी। मैंने भी कह दिया कि उसे हमेशा अपच रहने लगा था।

तभी उसकी मां को लगा कि जरूर कोई गड़बड़ है। वे उसे डॉक्टर के पास ले गईं व भयभीत साक्षी ने मुझे भी साथ चलने का आग्रह किया।

तभी मुझे बुलीमिया के बारे में जानने का अवसर मिला। ऐसा लगता है कि आप कुछ कर ही नहीं सकते। पहले आप ज्यादा खाते हैं, फिर अपराधबोध के कारण उल्टी करने की कोशिश करते हैं या लेक्सेटिव की मदद से खाना निकालने की कोशिश करते हैं। फिर खाने की इच्छा होने पर ज्यादा खाते हैं और फिर उल्टी करते हैं। कुछ बुलीमिक भरपेट खाने के बाद व्यायाम की अति कर देते हैं तो कुछ भरपाई के लिए बिल्कुल ही खाना छोड़ देते हैं।

समस्या यह है कि बुलीमिया ग्रस्त बच्चों का वजन सामान्य ही होता है इसलिए उनके बारे में अधिक पता नहीं चल पाता। कई बार तो व्यक्ति को स्वयं तक को पता नहीं चलता।

मैं आपको इसके कुछ संकेत दे रही हूं। यदि आपको भी यह समस्या हो तो इसे गंभीरता से लें व माता-पिता से बात करें। किसी दूसरे के ये लक्षण दिखें तो उसकी मदद करने की कोशिश करें।

मेरी सहेली साक्षी की हालत सुधर रही है पर फिर भी कभी-कभी उसे उल्टी करने की इच्छा होती है। उसे सलाह दी गई है कि संतुलित व उचित खानपान ही स्लिम रहने का एकमात्र उपाय है। धीरे धीरे उसे समझ भी आ रहा है।

बुलीमिया अलर्ट

यदि आपका कोई दोस्त बेकाबू हो कर अंधाधुंध खाता है और आम लोगों की तुलना में काफी ज्यादा खाता है तो यह चिंता का कारण हो सकता है।

यदि वह स्वयं उल्टी करे, कोई दवा ले या ज्यादा व्यायाम करे तो प्रतीक्षा न करें। किसी व्यस्क से कहें ताकि दोस्त को चिकित्सीय मदद दी जा सके।

बिंज ईटिंग

बिंज ईटिंग बुलीमिया से अलग कैसे है? बिंज ईटिंग डिऑर्डर को अभी तक मेडीकल लिहाज से मानसिक रोग नहीं माना जाता पर बुलीमिया व एनोरेक्सिया नर्वोसा के मुकाबले इसका फैलाव कहीं ज्यादा है।

इसके लक्षण बुलीमिया जैसे ही है पर इसके शिकार भोजन को बाहर निकालने या अधिक व्यायाम करने जैसा व्यवहार नहीं करते।

ऐसे टीनएजर प्रायः अधिक वजन वाले या मोटे होते हैं। वे खुशी गम, उदासी या बोरियत की वजह से खाते हैं। अभी यह साफ नहीं कि इसका डाईटिंग से कोई संबंध है या नहीं। कुछ अध्ययन कहते हैं कि इनमें से तकरीबन आधे, डाइट आरंभ करने से पहले ही ऐसे थे।

प्रमोद पूरी तरह से सामान्य दिखने वाला अठारह साल का युवक था। वह कॉलेज की बॉस्केट बॉल टीम में था। उसका व्यक्तित्व अच्छा था व लड़कियों में भी लोकप्रिय था। खेलों के कड़े रूटीन व स्वयं पर थोपे गए अनुशासन ने उसे अनाप-शनाप खाने वाला व्यक्ति बना दिया।

यह डिऑर्डर प्रायः प्रतियोगी खिलाड़ियों जैसे तैराकों या जिम्नास्टों में आमतौर से पाया जाता है।

तो प्रमोद बेकाबू हो कर खाता। फिर स्वयं से नाराज हो कर डिप्रेशन में चला जाता। वह अपने इस बर्ताव से शर्मिदा होकर, मूड के उतार-चढ़ाव को भी छिपाने की कोशिश करता। यहां तक कि करीबी दोस्त भी उसकी हालत के बारे में नहीं जानते थे।

जल्दी वजन बढ़ने लगा और एक दिन प्रमोद के सब्र का बांध टूट ही गया। उसने अपने लक्षणों की गूगल पर जांच की तो उसे पता चला कि उसकी समस्या हल हो सकती थी।

उसने मेडीकल मदद लेने के लिए आम डॉक्टर के पास जाने की बजाए मनोचिकित्सक की शरण ली। यह एक स्मार्ट कदम था। उन्होंने जल्दी ही समस्या को पहचान लिया व प्रमोद को आत्मछवि के बारे में वास्तविक लक्ष्य बनाने व भोजन के प्रति रवैए के बारे में फिर से विचार करने को कहा।

कॉगनिटीव बिहेवरियल थेरेपी ने भोजन के प्रति प्रमोद के रवैए को बदल दिया। वह भोजन को सकारात्मक रूप में लेते हुए उसका आनंद लेने लगा। धीरे-धीरे उसके खनपान की आदतें सामान्य होने लगीं।

प्रमोद सुधार की राह पर था!

पहले तो मैं आश्वस्त कर दूं कि छुट्टी के दिन भरपेट खाना या आमतौर पर होने वाली ओवर-ईटिंग इस श्रेणी में नहीं आती। यदि यह समस्या होगी तो आप उचित पोषण के अभाव में जल्दी ही बीमार हो जाएंगे, हमेशा गिल्ट से घिरे रहेंगे और खुद पर काबू न पा सकने के लिए कोसते रहेंगे।

फिर आप इसे कवर-अप करना चाहेंगे। सबके बीच अपने भोजन को सामने नहीं लाना चाहेंगे या दूसरों के सामने न खाने का दिखावा करेंगे फिर रसोई में छिप कर खाएंगे। यहां तक कि करीबी दोस्तों को भी आपकी बीमारी का पता नहीं चलेगा।

बड़ी समस्या है मदद पाना। प्रायः आम डॉक्टर इन लक्षणों को समझ नहीं पाते। एक मनोविशेषज्ञ ही इसे समझ सकता है। अपनी हालत में सुधार लाने के लिए व्यावसायिक मदद लेने का प्रयत्न करें।

किसी करीबी दोस्त पर भरोसा करके, उसकी मदद भी ले सकते हैं।

गुड लक।

43

क्या विज्ञापनों के प्रभाव में हैं?

जरा सोचें कि विज्ञापन देने वाले फूड बार व एनर्जी ड्रिंक के लिए अपना निशाना कैसे बनाते हैं? आपको! विज्ञापन बनाने वालों व मार्केटिंग करने वालों का मानना है कि किशोरों के मन पर छाप छोड़ना काफी आसान होता है। वे अपने विज्ञापन अभियान पर इस तरह से काम करते हैं कि आप उनका उत्पाद खरीदने के लिए बेचैन हो जाएं।

इस युवा श्रेणी में, चॉकलेट का ही उदाहरण लें। वे दूध के पूरे पोषण, नट्स, माल्ट की अच्छी खूबियों वगैरा को एक चॉकलेट में देने का वादा करते हैं।

पर वे उत्पाद में मौजूद रिफाइंड चीनी, स्वीटनर्स, केमिकल्स, एडीटिव या हाइड्रोजिनेटिड वसा का नाम तक नहीं लेते। इसी तरह छात्र को लगता है कि एक चॉकलेट तो एक पोषक विकल्प है। क्या लेवल पढ़ने से ही आप सच जान सकते हैं।

हैल्थ ड्रिंक, आर्टीफिशियल फलों के जूस, पैकेज नाश्ता सीरीयल, नूडल्स या वैज सूप भी इसी तरह के भ्रामक विज्ञापनों के उदाहरण है।

वो इनके चक्कर में न आएं व स्वस्थ विकल्प चुनें जो कि अस्वस्थ पैकेज फूड का सबसे बेहतर उदाहरण है।

आजकल तो बाजार में स्वस्थ विकल्प भी मौजूद हैं, जैसे खाकरा, लो-फैट भेल-पूरी, सोया बर्गर, बेक्ड चक्ली, खजूर व मल्टीग्रेन बिस्कुट।

चॉकलेट बार की बजाए गरानोला बार खाएं। बेफर्स या डीपफ्राई नट्स की जगह भुने नट्स खाएं।

साफ्ट ड्रिंक में एरियोटिड ड्रिंक लेने की बजाए फलों का रस। नारियल पानी या नींबू पानी लें।

जब आपके जैसा ग्राहक सेहत पर ध्यान देने लगेगा तो बाजार में नए-नए उत्पाद भी आते रहेंगे।

स्वयं को फुलप्रूफ रखने के दस आसान उपाय :

1. कोई साफ्ट ड्रिंक इसलिए न पीएं कि आपका प्रिय फिल्मस्टार भी वही पीता है।
2. आप टी.वी. पर छरहरी व आकर्षक किशोरियों को चॉकलेट खाते व साफ्ट ड्रिंक पीते देखते हैं किंतु वे वास्तविक जीवन में ऐसा नहीं करती।
3. जब भी बाहर खाना खाने जाएं तो केवल स्वस्थ विकल्प ही चुनें।
4. यदि पैकेज डील में, मेन्यू से अधिक दिया जाए तो लालच न करें, इसका मतलब होगा 'अतिरिक्त कैलोरी'
5. सिर्फ लो-फैट देखकर ही उत्पाद न लें। उसमें चीनी या रिफाइंड उत्पाद की मात्रा अधिक हो सकती है। फिर ज्यादा खा लेने से भी, लो-फैट का कोई फायदा नहीं होने वाला।
6. सेल प्रमोशन व सैंपलिंग उत्पादों से सावधान! ये भी आपको जंक की ओर खींचने का एक तरीका है।
7. लेबल पढ़ना सीखें ताकि आप जान सकें कि क्या खा रहे हैं।
8. चाहे आपके दोस्त किसी xyz ब्रांड का कितना भी हवाला क्यों न दें। आप भीड़ का हिस्सा बनने की बजाए अपना दिमाग चलाएं।
9. रेस्त्रां बुफे, भूखे छात्रों के लिए ही होते हैं पर जरा सोच कर खाएं क्योंकि वहां काफी कुछ ऐसा होगा, जो सेहत को रास न आए।
10. हां, जंबों पैक लेने का मजा ही कुछ और है। यह हमें 25 प्रतिशत अतिरिक्त भी तो दे रहा है। चलिए खरीद ही लीजिए पर किसी दोस्त के साथ बंट कर खाइए।

44

फॉस्ट फूड की सीमित मात्रा लें

जरा हंस लें

लड़के ने अपना होमवर्क क्यों खा लिया?
क्योंकि टीचर ने कहा कि वह केक का पीस था।

चौदह वर्षीय गौतम को स्कूल के ब्रेकटाइम में समोसे खाना पसंद है। वह हफ्ते में कम से कम तीन बार पिज्जा व दो बार बर्गर भी खाता है। उसे पॉकेट मनी दी जाती थी कि वह कैंटीन से कुछ मनपसंद खा सके या टेनिस खेलने के बाद आईसक्रीम कोन का मजा ले सके। गौतम बड़ा हुआ तो धीरे-धीरे उसे जंक फूड खाने की आदत पड़ गई।

बेशक स्नैक खाने का अपना स्वाद होता है। हम फॉस्ट फूड रेस्त्रां बंद नहीं कर सकते पर गौतम जैसे लड़कों को जंक फूड की मात्रा घटानी चाहिए। आपको चाहिए कि अपने मनपसंद जंक फूड की बजाए कोई हेल्दी विकल्प चुनें।

जंक फूड क्या है

पहले से पैक स्नैक फूड जैसे चॉकलेट, कुकीज व फॉस्ट फूड जैसे पिज्जा, फ्राई व बर्गर आदि जंक फूड के उदाहरण हैं। ये हमें पोषण से अधिक कैलोरी

देते हैं। निर्माता अक्सर इनका जीवन व स्वाद बढ़ाने के लिए इनमें ट्रांसफैट्स मिला देते हैं। इनकी अधिक मात्रा से एल.डी.सी. Low density cholesterol का स्तर बढ़ता है तथा कार्डियोवस्क्युलर रोगों का खतरा भी हो जाता है।

हेल्दी स्नैकिंग आपकी दीर्घकालीन सेहत का राज है। वसा व चीनी युक्त पदार्थ तो तात्कालिक उर्जा ही देते हैं :

पावभाजी	कम मक्खन के साथ पावभाजी
बर्गर व फ्राइज़	सब्जी–सलाद सहित साबुत अनाज का बर्गर
फ्रेंकी	स्पाइसी चिकन पनीर मक्खन के साथ रोटी रोल
फ्राइड चिकन	तंदूरी चिकन/ बेक्ड चिकन नगेट्स
चीज़ पिज्जा	होलव्हीट क्रस्ट, सब्जियां व कम चीज
फ्राइड फिश	ग्रिल्ड फिश टिक्का
पकौड़ा	खांडवी/ ढोकला/ इडली
समोसा	मसाला कार्न कप भुट्टा
चिप्स	एयर पॉप्ड पॉपकॉर्न
चना भटूरा	चना–रोटी/हम्स व पिट्टा ब्रेड
मेयोनीज	हनी मस्टर्ड ड्रेसिंग/दही पुदीना ड्रेसिंग
हाई फैट चीज़	लो फैट पनीर/लो फैट फीटा चीज़
आईसक्रीम डेज़र्ट	मीठा दही/ तिल लड्डू/ चिक्की

जंक फूड निर्माता या फॉस्ट फूड रेस्त्रां वालों को अच्छी सेहत की कोई चिंता नहीं होती। वे तो बस स्वाद की पूर्ति करते हैं।

जरा कल्पना करें कि फ्राइज़ व फिज़्जी ड्रिंक के साथ बड़ा बर्गर मील, आपके पूरे दिन की कैलोरी आवश्यकता का आधे से अधिक भाग वाला हो सकता है। बेशक, इसे कभी खाने में कोई नुकसान नहीं पर उसे स्पेशल ट्रीट के तौर पर ही रखें।

ध्यान दें

- चीज़ सस्ती देखकर सुपर साइज आइटम ऑर्डर न करें। एक के दाम में दो चीज न लें। आप जरूरत से ज्यादा ठूंस लेंगे।
- एक्स्ट्रा बेकन या चीज जैसे लालच को न कहें।
- मिक्स सलाद, भुट्टा या कोई फल, साइड डिश के तौर पर लें।

45

संतुलित आहार के चार छोर

मैं आपको मैथ की कक्षा में ले जाने की बजाए, ज्योमैट्री की मदद से अपनी बात समझाने जा रही हूं। आपको यह याद रखने में आसानी होगी कि जिस तरह एक वर्ग की चार भुजाएं होती हैं उसी तरह आपके स्क्वेयर मील के भी चार भाग होने चाहिए।

क्या आप इनके बारे में जानते हैं। आपको अच्छा दिखने व महसूस करने के लिए इन्हें क्यों खाना चाहिए? आपमें से तकरीबन ने, स्कूल में संतुलित भोजन का महत्व सीखा होगा। (रिलैक्स! बायो क्लास नहीं होने वाली।) आपको उचित अनुपात में सीरीयल, प्रोटीन से भरपूर खाद्यपदार्थ, फल-सब्जियां तथा कम मात्रा में चीनी तथा वसा चाहिए।

पूरे दिन में आपको तीन स्क्वेयर मील + उसे 4 छोटे स्नैक ब्रेक चाहिए। गणित करने से आप जान सकते हैं कि आपने हर रोज 6 से 7 बार खाया है।

किन्हीं पोषक तत्वों का अभाव होने के बाद ही आप संतुलित आहार का महत्व जान पाते हैं। सच तो यह है कि यह दिखने लगता है, सूजी आंखें, टूटते नाखून, खराब त्वचा व गिरते बाल आदि।

तो यह सब क्यों होने दें? थोड़ी सी देखभाल से शरीर को पूरा पोषण दे सकता हैं। इसका मतलब मनपसंद खाना छोड़ना नहीं होता। हर खाद्य समूह में कुछ न कुछ तो मनपसंद व स्वादिष्ट होता ही है।

किसी भी स्वस्थ डाइट में इन चार खाद्य समूहों का होना अनिवार्य है तभी वह संतुलित व संपूर्ण डाइट बन जाती है।

1. सीरीयल

सीरीयल में कार्ब होते हैं, जो शरीर व दिमाग को उर्जा प्रदान करते हैं। यदि इन्हें अनरिफाइंड रूप से खाएं यानी सफेद ब्रेड की जगह गेंहू की ब्रेड लें तो डाइट में रेशे की मात्रा बढ़ेगी। चावल, गेंहू, वार्ली, बाजरा, ज्वार, जई आदि इसी श्रेणी में आते हैं। इनमें पोहा, सूजी, उपमा, नूडल्स, इडली व दोस्त आदि को भी शामिल कर सकते हैं।

2. प्रोटीन से भरपूर भोजन :

प्रोटीन अपनी वृद्धि के लिए आवश्यक है। आपको अपने वजन के हिसाब से प्रोटीन लेना चाहिए यानी यदि 60 कि. वजन है तो 60 ग्राम प्रोटीन लें।

मांसाहारी, चिकन, फिश, मांस व अंडों से प्रोटीन लें सकते हैं। शाकाहारी दूध, दूध के उत्पादों, दालों, अंकुरित अनाज, बीज, मेवों व सोया उत्पाद में से चुन सकते हैं।

शाकाहारियों के लिए खुशखबरी!

सोया ही एकमात्र पादप उत्पाद है, जिसमें नौ अनिवार्य अमीनों एसिड उचित अनुपात में पाए जाते हैं, जो कि संपूर्ण प्रोटीन माने जाते हैं।

3. फल या सब्जियां

विटामिन व मिनरल की जरूरत के लिए यह समूह बहुत महत्व रखता है। फल व सब्जियों के विभिन्न रेशों में विभिन्न पोषक तत्व होते हैं, जिनमें विभिन्न विटामिन व मिनरल प्राप्त होते हैं। अधिक पकाने से सब्जी के प्राकृतिक पोषक तत्व समाप्त हो जाते है। अतः मॉम को बताएं कि आप सब्जियों को कच्चा, सलाद में या हल्का पका कर खाने चाहेंगे।

मौसमी फल-सब्जी भी अतिरिक्त लाभ देते हैं। संतरा, नींबू व तरबूज जैसे खट्टे फल स्वाद व पोषण देते हैं। केला, आम व चीकू से पेट भरता है। यहां तक कि अंजीर, किशमिश व खुबानी आदि मेवे भी मीठे का अच्छा विकल्प है।

छिलका उतारें या नहीं :- यदि फल व सब्जी को छिलके सहित खाएं तो उसके रेशे से भी फायदा होता है जैसे सेब का 75 प्रतिशत डाइटरी फाइवर उसके छिलके में होता है। बस फल को धोकर खाएं। फलों के जूस से यह लाभ नहीं मिल सकता क्योंकि रेशा तो जूस निकालने की प्रक्रिया में व्यर्थ हो जाता है।

4. वसा व चीनी

वसा की मात्रा अधिक न लें। यह पूरे दिन में 5 टी स्पून से अधिक न हो।

घटाएं, बंद न करें : शरीर को उर्जा देने व कोशिका निर्माण के लिए वसा चाहिए। यह शरीर की ताप से रक्षा करता है व अंगों को नष्ट होने से बचाता है। विटामिन ए, डी, ई और डी वसा में घुलनशील हैं। अतः उनके अवशोषण के लिए वसा चाहिए। वसा के उदाहरण है : मक्खन, घी व तेल।

रिफाइंड शुगर की खपत एक दिन में 6 टी स्पून से ज्यादा न हों। शुगर फलों में कुदरती रूप से पाई जाती है जो फ्रूटक्लेस के रूप में होती हैं मिठाई व केक के रूप में मीठा कम खाएं ताकि वजन न बढ़े।

फॉस्ट फूड को स्वस्थ्य स्क्वेयर मील में कैसे बदलें

पिज्जा : अधिक सब्जियों के साथ होल व्हीट बेस, चीज़ कम

फ्रेंकी : सब्जियों, चिकन टिक्का व पनीर के साथ रोटी रोल

पास्ता : सब्जियों, पनीर व चिकन के साथ हील व्हीट पास्ता

चना-भटूरा : चना व तंदूरी रोटी, ताजा सलाद

बर्गर : होल ग्रेन बर्गर के साथ, मीट/वैज पैटी व साईड ऑर्डर में कॉलेस्ला

उपमा/डोसा : ढोसा व उपमा के साथ सांभर (सांभर वाली सब्जियां ज्यादा लें)

नूडल्स : सब्जियों, चिकन व पनीर के साथ हील व्हीट नूडल्स।

46

अच्छी कैलोरी बनाम बुरी कैलोरी

सबसे पहले तो जानें कि कैलोरी क्या है? एक गैर तकनीकी परिभाषा होगी कि कैलोरी उस भोजन उर्जा की माप है जिसे हम इस्तेमाल करते हैं, जो व्यय होती है या शरीर द्वारा वसा के रूप में जमा की जाती है।

तो जब भी आप गुड कैलोरी या बैड कैलोरी फूड के बारे में सुनते हैं तो वह क्या है? वैसे मैं आपको बता दूं कि कोई फूड बैड नहीं होता। पता है जब आप एक अच्छे आलू को डीपफ्राई करते हैं तो क्या होता है?

यह बैड कैलोरी से भरपूर पोटैटो चिप्स में बदल जाता है।

नेचुरल खाएं, अनप्रोसेस्ड खाएं : भूरा चावल सफेद चावल से बेहतर होगा (पर यह याद रखें कि दोनों चावलों की समान मात्रा से एक समान कैलोरी मिलेगी) भूरी ब्रेड भी सफेद ब्रेड से बेहतर होगी (यहां भी कैलोरी एक सी होगी) गेंहू का आटा मैदे से बेहतर है, समझे न?

नेचुरल भोजन इसलिए बेहतर हैं क्योंकि वे रेशे से भरपूर होते हैं तथा पचने में अधिक समय लेते हैं यानी आपको अधिक समय तक पेट भरा हआ महसूस होता है तो यदि सैंडविच खाना चाहें तो सलादपत्ता, टमाटर, खीरा, कारली मिर्च, स्प्राउट, ट्यूना या चिकन के साथ मल्टी ग्रेन ब्रेड लें। जब आप इस तरह के भोजन से भूख शांत करेंगे तो इनका ग्लूकोज धीरे-धीरे आपकी रक्तधारा में प्रवाहित होगा।

वहीं दूसरी ओर लगातार रिफांइड फूड खाने से (व्हाईट ब्रेड/जैम सैंडविच) एकदम उर्जा बढ़ेगी परंतु जल्दी ही आप शिथिल भी महसूस करेंगे। उर्जा के स्तर में गिरावट के कारण मूड में उतार-चढ़ाव हो सकते है। क्योंकि तेजी से व्यय होने वाला उर्जा स्तर, उर्जा भंडार को खाली कर देता है।

लैब रिपोर्ट

रेशेदार भोजन मल-त्याग को आसान करता है। इससे काफी समय तक पेट को भरे होने का एहसास भी मिलता है। अपने भोजन में रेशेदार फल-फूल शामिल करें यदि वजन घटा रहे हों तो यह काफी महत्त्व रखता है।

हैल्थ वाच

कुछ निर्माता सफेद ब्रेड में भूरा रंग मिला कर बेचते हैं ताकि लोग उसे ब्राउन ब्रेड समझ कर खरीदें। ब्रेड बिस्कुट, पास्ता या कोई भी बेक्ड उत्पाद लेने से पहले; उस पर मल्टी ग्रेन, होल ग्रेन, होल व्हीट आदि लिखा अवश्य देखें।

इसी तरह प्रोटीन से भरपूर नॉनवैज में वसा की भी भरपूर मात्रा होती है। थोड़ा संभल कर खाएं।

जहां तक फल-सब्जी का सवाल है। यहां कोई विलेन नहीं है। यहां तक कि एवोकॉडो या ऑलिव जैसी हाई फैट सब्जियां या आम व केले जैसे हाई कैलोरी फल भी पौष्टिक होते हैं। आप कैलोरी की चिंता के बिना इसे खा सकते हैं। बस एक बार में तीन आम न खाएं।

मुझे डायटिंग का कोई अता-पता नहीं था। मेरे सारे दोस्त क्रेजी डाइट प्लान पर थे; नो आलू; नो ब्रेड। चावल से मोटे होते हैं, आठ बजे के बाद फूड कर्फ्यू; हैलो।

मैनें तय किया कि मैं ऐसा कुछ नहीं करूंगी। अगर मुझे वजन घटाने के लिए कैलोरी घटाती थी तो उसके लिए ये तरीका नहीं था।

मैंने खुद से कहा कि मैं हर दो–तीन घंटे बाद भोजन की थोड़ी–थोड़ी मात्रा लूंगी और प्राकृतिक रूप में ही लेने का प्रयास करूंगी।

मैंने चावल भूरे ब्रेड व होल व्हीट पास्ता लिया। मैं सारी मनपसंद सब्जी–फल खाती। मैं सेब को छिलके सहित खाती। संतरे की फांकों का रेशा न उतारती व भुने आलू छिलके सहित खाती।

लस्सी रोज के आहार में शामिल थी। मैं कम मात्रा में घी, शुद्ध ऑलिव ऑयल व घर का बना मक्खन भी लेती।

तो मैंने क्या नहीं लिया? मैंने तला–भुना व प्रोसेस भोजन छोड़ा। कुछ मीठा खाने की इच्छा होती तो गुड़ या शक्कर खाती।

मैं इसी तरह छः सप्ताह में 3 किलो वजन घटा लिया। मैं बेहतर महसूस करने लगी, बेहतर दिखने लगी तब से मैं इस नई डाइट पर कायम हूं और मैं इसे डाइट मानती भी नहीं। क्या आप कहेंगे?

– प्रीती अहलूवालिया, 16

47

बीच में क्या खाएं

स्मार्ट स्नैकिंग ही सही उपाय

आप स्कूल कैंटीन को दोष तो दे सकते हैं क्योंकि जब भी भूख लगती है तो वहां तेलयुक्त समोसे या बर्गर के सिवा कुछ भी खाने को नहीं मिलता। हो सकता है कि आप कैलोरी से भरपूर साफ्ट ड्रिंक ले कर, इसे 100 प्रतिशत जंक फूड में बदल देते हों। अगर मुझे किशोरों के लिए प्रिय स्नैक्स की लिस्ट बनाती हो तो बेशक पिज्जा, समोसों, चाट व नूडल्स का नाम सबसे उपर होगा।

स्कूल-कॉलेज के बाहर ही चाट के ठेले, समोसों की दुकानें व फॉस्ट फूड स्टोर होते हैं। ताकि आपकी फॉस्ट फूड खाने की तड़प शांत हो सके। वैस भी आपके जैसे छात्रों से और क्या खाने की उम्मीद की जा सकती है।

हकीकत तो यह है कि स्मार्ट

स्नैक लेने में भी जंक फूड खाने जितना समय लगता है। बस आपके चुनाव का प्रश्न है। मैं आपको कुछ ऐसे उपाय बता रही हूं जिन्हें अपनाकर, मनचाहा भोजन लेने पर भी फालतू भार से बच सकते हैं :

10 इन-बिटवीन विकल्प

ट्रेल मिक्स (भुना/सेवोरी मिश्रण)
भुना चना/मुरमुरा
पॉपकॉर्न
नट्स (बादाम, काजू, मूंगफली)
सूखे मेवे तथा बीज
केला
सेब व चीज़ क्यूब
अमरूद (लाल मिर्च व नमक लगा)
खीरा/गाजर/सेलेटी स्ट्रिप (काला नमक लगा)
चटनी-गाजर सैंडविच (साबुत अनाज से बनी ब्रेड)

रेस्त्रां में स्नैकिंग के 10 हैल्दी विकल्प

नो मायो चिकन सलाद (हनी मस्टर्ड/दही - पुदीना ड्रेसिंग)
टॉर्टिला/सलाद पत्ते व साल्सा के साथ)
तंदूरी व्यंजन
रोटी रैप
साबुत अनाज से बना पास्ता/पिज्जा/चीज़ कम लें, सब्जियां अधिक)
भाप में पके डिम सुम
ट्यूना रोल
ग्रीक सलाद/मिक्स वैज सलाद
कॉर्न ऑन कैब
इडली/डोसा/उत्तपम-सांबर

प्रज्ञा के लिए सफलता की रेसिपी

सोलह वर्षीया प्रज्ञा अक्सर दोस्तों के साथ बाहर खाने जाती है। वे कई

फॉस्ट फूड ज्वांयट्स में जाते हैं। प्रज्ञा के लिए कैलोरी पर ध्यान देना मुश्किल हो जाता है।

उसने तय किया कि वह बाहर खाते समय हैल्दी फूड लेगी व उसकी सीमित मात्रा ही खाएगी। जैसे फ्राईज के साथ पूरा पिज्जा लेने की बजाए वह सलाद के साथ पिज्जा स्लाइस लेती है। दो समोसों की बजाए एक लेती है। वह साफ्ट ड्रिंक की जगह जूस लेने लगी है।

नतीजा। वह पहले से काफी हल्का महसूस करती है व वजन भी नियंत्रण में है।

48

पानी है कारगर

क्या आपको पता है कि आपको पूरे दिन में कितना पानी पीना चाहिए? आपके लिए रोज 8 से 10 गिलास पानी पीना जरूरी है।

आपके शरीर का 60 से 70 प्रतिशत पानी से बना है। पानी की कमी से सिर चकराना, डी हाइड्रेशन व कब्ज हो सकते हैं। पानी की कमी से रक्तचाप में कमी या मेटॉबालिक गतिविधि में अव्यवस्था भी हो जाती है। यदि आप शारीरिक रूप से सक्रिय रहते हैं या मौसम गर्म है, तब तो आपको पानी पीने की और अधिक आवश्यकता होगी।

याद रखें कि अक्सर जब आप स्वयं को भूखा महसूस करते है। तो उस समय आप प्यासे होते हैं।

वजन बनाए रखने या काबू के लिए पानी एक कारगर उपाय है।

इसमें वसा, कार्ब, कैलोरी, चीनी आदि नहीं हाते हैं।

प्लस प्वाईंट :

चमकदार बाल

चमकदार त्वचा

चमकदार आंखें।

लैब रिपोर्ट

आपके मूत्र के रंग से हाइड्रेशन के स्तर का भी पता चलता है। यदि आप पर्याप्त मात्र में तरल पदार्थ ले रहे हैं तो मूत्र का रंग साफ होगा। कम पानी पीने से मूत्र का रंग गहरा होगा। कृपया याद रखें कि कुछ दवाएं लेने से भी मूत्र के रंग में बदलाव आता है। आमतौर पर दिन भर में 8 से 10 गिलास पानी पीना आवश्यक है।

पानी का स्तर ऊंचा कैसे रखें ?

- अपना दिन पानी के गिलास से आरंभ करें।
- सफर में या व्यायाम के दौरान नियमित अंतराल पर पानी पीएं।
- हर भोजन के साथ पानी पीएं।
- अक्सर डी हाईड्रेशन होने तक प्यास महसूस नहीं होती इसलिए प्यास लगने से पहले ही पानी पी लें।
- ताजे फल व सब्जियों की मात्रा बढ़ाएं, इनमें भी जल की भरपूर मात्रा होती है।

49

खिलाड़ियों के लिए खास खान-पान

यदि आप एक किशोर खिलाड़ी हैं तो आपकी पोषण संबंधी आवश्यकता भी अनूठी होगी। आप अपने कम सक्रिय साथियों से अधिक वर्क आउट करते हैं। आपको अपने खेल प्रदर्शन में निखार के लिए अतिरिक्त कैलोरी चाहिए। आपको पूर्ण विकास के लिए भी पोषण चाहिए। अगर शरीर को अतिरिक्त कैलोरी व पोषण न मिला तो थोड़ी सी मांग बढ़ने से ही शरीर हार जाएगा व आप मनचाही ताकत व उर्जा नहीं पा सकेंगे।

कैलोरी की जरूरत, काफी हद तक लिंग, आकार व शारीरिक गतिविधि के स्तर पर निर्भर करती है। मिसाल के लिए, अगर आप एक खिलाड़ी है व तेजी से बढ़ती ग्रोथ के पंद्रह वर्षीय किशोर हैं तो आपको अपना वजन बनाए रखने के लिए प्रतिदिन 3500 कैलोरी की आवश्यकता हो सकती है। यदि आप इसी आयु की, आरामदेह जीवनशैली जीने वाली लड़की हैं तो आपको अपने वजन को स्थिर रखने के लिए 2000 से भी कम कैलोरी चाहिए।

कार्ब+प्रोटीन = एक पॉवर पैक प्रदर्शन

- शरीर को प्रमुखतः उर्जा प्रदान करते हैं।
- प्रोटीन शरीर के बिल्डिंग ब्लॉक है, उत्तकों की मरम्मत व रख-रखाव करते हैं।

कार्ब खिलाड़ियों के लिए उर्जा का एक प्रमुख स्त्रोत है, चाहे आप कोई भी खेल खेलें या कितना भी कड़ा वर्कआउट करें, कार्ब वो उर्जा देते हैं जो मसल्स एक्शन को ईंधन देती है।

पर यह न सोचें कि प्रोटीन की जितनी मात्रा लगे, मसल्स उतने ही मजबूत होंगे। कड़ी मेहनत व प्रशिक्षण से ही मसल बनते हैं। बस खिलाड़ियों को आम आदमी की तुलना में थोड़े से अधिक प्रोटीन की आवश्यकता होती है। प्रति कि. शरीर भार के लिए 1 से 1.7 ग्रा. प्रोटीन की मात्रा पर्याप्त होगी। अधिक मात्रा में प्रोटीन लेने से डी हाइड्रेशन हो सकता है, कैल्शियम की कमी हो सकती है व यहां तक कि किडनी की समस्या भी हो सकती है।

प्री-वर्कआउट

वर्कआउट से दो-तीन घंटे पहले

हाई फाइबर कार्ब + प्रोटीन

कार्ब : सीरीयल, रोटी, ब्रेड, क्रेकर्स, चावल, पास्ता, फल, सब्जी।

प्रोटीन : मीट, चिकन, फिश, अंडे, टोफू, सोया उत्पाद, दालें व डेयरी उत्पाद।

हाई फाइबर कार्ब व प्रोटीन कॉर्बो के उदहारण :

चिकन मल्टी ग्रेन सैंडविच

पनीर व सलाद रोटी रोल

मुसली व दूध

टोस्टिड वैज सैंडविच व लस्सी

पास्ता विद पनीर एंड वैजी

वर्कआउट से 1 घंटा पहले :

प्रतियोगिता या अभ्यास से 1 घंटा पहले कुछ न खाएं। पाचन में भी उर्जा लगती है, जो कि आपके बेहतरीन खेल के काम आ सकती है। किसी भी तरह की खेल गतिविधि से पहले, कुछ खाने से पेट में अफारा या ऐंठन हो सकती है।

वर्कआउट के बाद

ठीक पैंतालीस मिनट बाद :

वर्क आउट के बाद ग्लाइकोजन भंडार को भरना चाहिए वरना तत्काल व्यायाम के लिए उर्जा नहीं बचेगी। खिलाड़ी प्रायः इसे 'बानकिंग' या 'हिटिंग द वॉल' कहते हैं।

व्यायाम के 45 मिनट बाद खाना खाना चाहिए क्योंकि यही वो समय होता है जब मसल सबसे अधिक पोषण ग्रहण करती हैं और तभी आपके मसल्स का एनर्जी रिजर्व ग्लाइकोजन भी भरपूर हो पाता है।

यदि आप कड़े परिश्रम के बाद शरीर को ईंधन देने के बारे में सोच रहे हैं तो 4 : 1 में कार्ब प्रोटीन कांबो बढ़िया रहेगा – 4 ग्रा. कार्ब के लिए 1 ग्रा. प्रोटीन।

वर्क आउट के बाद, वसायुक्त कार्ब व प्रोटीन पर केंद्रित रहें। आपके जल्दी अवशोषित होने वाला कार्ब चाहिए ताकि पूरा पोषण मिल सके। यहां कुछ विकल्प प्रस्तुत हैं :

कार्ब व प्रोटीन; वर्कआउट के बाद क्या लें

- दूध/दही व केला
- दूध के साथ स्मूदी, खजूर, मेवे
- पनीर/अंडा/चिकन सैंडविच
- कार्नफलेक्स व दूध

स्पोटर्स एनर्जी ड्रिंक या पानी ?

कड़ी मेहनत के बाद आपको शरीर में तरल पदार्थ की कमी पूरी करनी होगी। यदि शरीर में पानी की कमी होगी तो सिर चकराएगा, कमजोरी व थकान महसूस होगी।

यदि आप लंबे समय (60 मिनट) तक कड़ा व्यायाम करते हैं तो स्पोर्टर्स एनर्जी ड्रिंक ठीक रहेंगे (याद रखें कि कोला इस श्रेणी में नहीं आता)

यदि घंटे से कम समय का व्यायाम है तो पानी ही काफी होगा। कमर्शियल स्पोर्ट ड्रिंक तो खिलाड़ियों के लिए बने हैं ताकि उनके शरीर में तरल पदार्थों की मात्रा न घटे। (उनमें सोडियम व पोटेशियम आदि भी होते हैं।)

लैब रिपोर्ट

स्पोट्र्स ड्रिंक में कार्ब के रूप में शुगर भी होती है। अध्ययन कहता है कि सबसे उर्जा दायक ड्रिंक में 5 से 7 प्रतिशत तक कार्ब का कंसन्ट्रेशन होना चाहिए।

स्पोट्र्स ड्रिंक स्वयं बनाएं

ग्लूकोज वाटर, नींबू पानी (नमकीन/ मीठा)

नींबू पानी व मीठा नारियल पानी

50

मनपसंद भोजन और घर

मम्मी की रसोई से आती खुशबू किसी स्वर्गीय आनंद से कम नहीं होती। दुनिया में कुछ ही चीजें ऐसी है जो इसका सामना कर सकती है। जब भी आप दादा जी के घर से घी में डूबे परांठे व केसर जलेबी या अम्मा के क्रिस्पी मेडु बड़े खा कर लौटें तो याद रखें कि ये सब वसा से भरपूर थे।

मैं अपनी किशोरावस्था याद करती हूं। विस्तृत भारतीय परिवार से होने के नाते हमारा डिनर किसी पारिवारिक उत्सव से कम नहीं होता था। मां एक जबरदस्त कुक थी, वे बड़ी मेहनत से मनपसंद व्यंजन पकाती व डिनर सचमुच लाजवाब हो जाते।

हम कांटीनेंटल, इंडियन, थाई, इटैलियन, हर तरह के खाने का भरपूर स्वाद लेते। स्वादिष्ट भोजन व गप्पों का तो मेल भी निराला होता है।

पर यही मुसीबत बन गया। धीरे-धीरे वजन बढ़ने लगा। पहले-पहल मेन्यू तक करते समय हम कैलोरी की परवाह तक नहीं करते थे पर अब संभलने का वक्त आ गया था। हम स्वाद नहीं खोना चाहते थे पर कैलोरी पर काबू पाना भी जरूरी था।

यहां तक कि, आज भी मम्मा उतना ही स्वादिष्ट खाना बनाती है पर हमने क्रीमी सॉस व तले-भुने भोजन की मात्रा घटा दी है। मेन्यू स्वादिष्ट ही है पर पहले से कहीं हल्के व संतुलित है। हां, कहना चाहूंगी कि डिनर टेबल पर

होने वाली गपशप आज भी उसी जोश से जारी हैं....

- मेरी अपनी कॉलेज डायरी

मैं आपसे यह नहीं कहती कि आप हमेशा के लिए मीठा या तला-भुना खाना छोड़ें। बस उनकी मात्रा घटा देना ही काफी होगा । जैसे पीने का पानी, खाने से पहले पेट भरने का अच्छा विकल्प है।

जंक फूड की मात्रा घटाने के लिए यह फार्मूला अपनाएं : इसे सही क्रम से अपनाएं :

पेट को इस तरह भरें

1/4 पानी या 1/4 उचित भोजन 1/2 मनचाहा 1/4 खाली

पहला स्टेप

कुछ भी पीने से आरंभ करें, जैसे हरी चाय, नारियल का पानी, हल्की छाछ, टोंड दूध, वैज जूस, सूप , रसम या सादा पानी। ये सभी 1/4 ड्रिंक के अच्छे विकल्प है।

हेल्दी स्नैक लें फल, सलाद, होल व्हीट, टोस्ट, इडली, खाकरा, चिकन बेक, अंडा वगैरा उचित भोजन के अच्छे विकल्प हैं।

दूसरा स्टेप

जो भी खाते हों, उस मनपसंद भोजन या खाद्यपदार्थ की आधी मात्रा लें। जैसे समोसा, पकोड़ा, गुलाब जामुन या केसरी शीरा।

तीसरा स्टेप

बाकी बचा पेट खाली रखें। इसे उपर तक न ठूसें। यह 3 स्टेप वाला फार्मूला क्या करेगा। इससे मनचाहा खाने की भूख मिट जाएगी और आप पेट भर कर जंक फूड खाने से बचेंगे।

इसके अलावा यह भी याद रखें कि पेट की खाली जगह भी बहुत मायने रखती है। तभी आपके पेट के पाचक रस सही तरीके से काम कर पाते हैं।

51

खानपान से संबंधित पूछे जाने वाले सवाल

एक टीनएजर होने के नाते आप अभी भी अपने खानपान का ढांचा विकसित कर रहे हैं। यही उचित समय है, जब आप जान सकते हैं कि आप कहां गलत चल रहे हैं व उसमें सुधार कैसे ला सकते हैं? यदि यह अवसर गंवा दिया तो आप आजीवन ऐसी आदतों में झूलते रहेंगे जो सेहत को नुकसान पहुंचाती रहेंगी।

अब कुछ सीधी बात हो जाए। मैंने कुछ ऐसे प्रश्न दिए हैं, जो मुझसे प्रायः पूछे जाते हैं। समय निकाल कर जांचे कि क्या वे आपके काम आ सकते हैं।

फैक्ट्स (तथ्य)

प्र. मैं वजन बनाए रखना चाहता हूं पर मुझे बाहर खाना बेहद पसंद है। क्या कर सकता हूं कि मेरा वजन न बढ़े। आम जंक फूड की कैलोरी मात्रा क्या होती है?

उ. यदि आप सही तरीके से, कम मात्रा में ऐसा भोजन लेंगे तो वजन नहीं बढ़ेगा। आपकी डाइट में लेने योग्य भोजन व नियंत्रित भोजन शामिल होना चाहिए। यह कैलोरी नियंत्रण का जादुई फार्मूला है। पास के हलवाई या चाट वाले से समोसा या एक प्लेट चाट खाने का मन ललचा ही जाता है यदि ऐसा हो जाए तो दूसरी तरह के भोजन में कटौती करें :

आपके मनपसंद भोजन की कैलोरी मात्रा :

1 प्लेट समोसा (2 पीस)	320 कैलोरी
1 प्लेट स्प्रिंग रोल (2 पीस)	490 कैलोरी
1 प्लेट पापड़ी चाट (6 से 8 पीस)	260 कैलोरी
1 प्लेट गोलगप्पे (पानी पूरी) (4 से 6 पीस)	120 कैलोरी
1 प्लेट आलू टिक्की (2 पीस)	320 कैलोरी
1 प्लेट मिक्स वैज पकौड़े (8 पीस)	360 कैलोरी
1 प्लेट चिकन टिक्का (8 पीस)	520 कैलोरी
1 प्लेट नूडल्स/पास्ता (100 ग्रा.)	460 कैलोरी
1 प्लेट मिक्स बिस्कुट (10 पीस)	500 कैलोरी
1 प्लेट सींक कवाब (2-3 पीस)	260 कैलोरी
1 प्लेट पनीर टिक्का (8 पीस)	370 कैलोरी
1 प्लेट जैम-ब्रेड (2 स्लाइस)	260 कैलोरी
1 प्लेट मसाला दोसा	470 कैलोरी
1 प्लेट इडली सांबर	300 कैलोरी
1 प्लेट बड़ा सांबर	400 कैलोरी
1 प्लेट पॉव भाजी	420 कैलोरी
1 प्लेट मिक्स नमकीन	650 कैलोरी
1 पैटी (चीज़/चिकन)	400 कैलोरी
1 प्लेट चीजी गार्लिक ब्रेड (2 पीस)	510 कैलोरी
1 प्लेट चाउमीन	300 कैलोरी
1 छोटा पैकेट बेफर्स	550 कैलोरी

किशोरों के लिए कैलोरी व पोषण अनिवार्यता
अनुशासित कैलोरी मात्र

लड़के - 13-15; 2200 से 2500 कैलोरी प्रति दिन
लड़के - 16-18; 2600 से 2800 कैलोरी प्रति दिन
लड़कियां - 13-15; 1800 से 2000 कैलोरी प्रति दिन
लड़कियां - 16-18; 2100 से 2200 कैलोरी प्रति दिन

याद रखें कि कैलोरी की जरूरत आयु, लिंग, मेटबॉलिक दर, जीवनशैली व शारीरिक गतिविधि के स्तर से बदलती रहती है।

प्र. क्या कार्ब न खाना, वजन घटाने का अच्छा तरीका नहीं?

उ. नहीं, यह कोई अच्छा उपाय नहीं है। कार्ब तो शरीर का प्रमुख उर्जा स्त्रोत होते हैं, लाल रक्त कणिकाएं व दिमाग के सैल भी उर्जा के लिए कार्ब पर ही निर्भर होते हैं।

इन्हें बिल्कुल न खाने या कम मात्रा में खाने से कोई लाभ नहीं होगा बल्कि शरीर को मसल्स प्रोटीन या मसल्स टिश्यू के ब्रेकडाउन से उर्जा लेनी पड़ेगी। यानी आपके स्वस्थ मसल्स टिश्यू को नुकसान होगा।

नतीजन मसल्स टोन में कमी, मसल्स की ताकत में कभी व मेटाबॉलिज्म में कभी, आपके शरीर को पूरे प्रदर्शन स्तर पर काम करने के लिए पर्याप्त मात्रा में उर्जा चाहिए। केवल एक या दो खाद्य समूह खाने से शरीर के रसायनों में गड़बड़ हो जाएगी, आप थके हुए, चिड़चिड़े व मूडी महसूस करेंगे।

प्र. क्या शाकाहारी भोजन में प्रोटीन का अभाव होता है?

उ. यदि आप वैज हैं तो दाल, अनाज, सब्जी, दूध व दूध सोया उत्पादों से भरपूर मात्रा में प्रोटीन ले सकते हैं। दूध दूध उत्पाद व अंडे आदि जंतु उत्पाद प्रोटीन के संपूर्ण स्त्रोत हैं क्योंकि इनमें सभी नौ अनिवार्य अमीनों एसिड पाए जाते हैं जो स्वस्थ रहने के लिए आवश्यक हैं। वेज प्रोटीन अधूरे होते हैं, दूसरे खाद्य समूहों से इनकी पूर्ति करनी होती है।

शाकाहारियों के लिए खुशखबरी

दूध व सोया उत्पाद जैसे खाद्य पदार्थों को, मांस के मुकाबले, शरीर आसानी से पचा लेता है। वे शरीर के लिए आवश्यक विटामिन बी 12 भी देते हैं।

ऐसे प्रोटीन की जो सूची जो तकरीबन 7 ग्राम है :

1/4 कप पनीर

1 अंडा

1/2 कप लेग्यूम/दाल (पकी)

1/2 कप टोफू

1 कप सोया दूध

2 बड़े चम्मय मिमन मेवे

2 बड़े चम्मच पीनट मक्खन

1 कप दही/दूध

2'' का टुकड़ा सख्त चीज़

1/2 कप पके बींस (राजमा, चना)

प्र. मैं वैज हूं व डेयरी उत्पादों से एलर्जी है। मुझे प्रोटीन पचाने के लिए क्या खाना चाहिए?

उ. यदि आप डेयरी उत्पादों से एलर्जी रखते हैं या एक 'वैगन' है जो डेयरी उत्पाद लेते ही नहीं तो आप पादप स्त्रोतों से ही प्रोटीन लेना होगा। यदि दाल व अंकुरित अनाज व मेवों से खाएंगे तो शरीर को जरूरी अमीनो एसिड मिलेंगे। सोया भी प्रोटीन पाने का अच्छा विकल्प है। यह सोया नगेट, सोया दूध, सोया टोफू व सोया चिप्स या सोया आटे से बनी रोटियों के रूप में मौजूद है।

प्र. मेरा पूरा परिवार मोटा है। क्या मैं भी मोटा हो जाऊंगा?

– हालांकि ऐसा जरूरी तो नहीं पर अध्ययन कहते हैं कि परिवारों में जेनेटिक कारक होते हैं।

यह भी प्रमाणित हो चुका है कि जैविक रूप से भी बॉडी टाइप में समानताएं हो सकती है, जैसे – बिग-बोन्ड या पीचर-शेप। मोटे माता-पिता के बच्चों में भी प्राय: मोटा होने की प्रवृत्ति पाई जाती है।

लैब रिपोर्ट

जेनेटिक से ही आपकी भूख, पेट के आस पास वसा की मात्रा, बॉडी टाइप या मेटाबॉलिक की दर आदि तय होते हैं।

कुछ लोगों को प्राय: आम 30 मिनट के व्यायाम से जो फायदा मिलता है, वही फायदा कुछ लोगों को 60 मिनट के कड़े व्यायाम के बाद मिल पाता है। विभिन्न कारक, विभिन्न बातों को निर्धारित करते हैं।

वैसे तो आपको अपने खानपान व व्यायाम की आदतों पर भी ध्यान देना चाहिए। पहले तो स्पेशल हलवा हो या पापड़ी चाट, पारिवारिक परंपरा के नाम पर ठूंस-ठूंस कर न खाएं। फल, सब्जी, साबुत अनाज, अंकुरित व दही आदि के द्वारा स्वस्थ खानपान की आदतें विकसित करें।

घरेलू पारिवारिक माहौल में भोजन का आनंद लें। पर अपने डाइट रूटीन पर डटे रहें, दूसरे खा रहे हैं तो उन्हें बेशक खाने दें।

दूसरा महत्वपूर्ण कारक है 'व्यायाम'। कम से कम 45 मिनट तक मनपसंद खेल/गतिविधि या कसरत का लक्ष्य बनाए।

प्र. मैं मनपसंद भोजन की लत कैसे छुड़ा सकता हूं?

उ. मुश्किल है पर नामुमकिन नहीं। बस याद रखें कि आपने भरपेट खाने की बजाए सिर्फ चखना है। अपने मूड के उतार-चढ़ाव पर ध्यान दें, जंक फूड की मात्रा घटाएं। मैंने इस स्थिति से निपटने के लिए एक हल प्रस्तुत किया है।

अपनी पसंद को 1 से 10 तक रेटिंग देते हुए क्रेवोमीटर बनाएं। 1-10 को प्राथमिकता के हिसाब से रखें।

1-10 के स्केल पर क्रेवोमीटर नियंत्रण

1-2	3-4	5-6	7-8	9-10
मैं इसके बिना मर जाऊंगा	एक छोटा टुकड़ा तो ले ही लेना चाहिए	मेरे से कंट्रोल ही नहीं होता	शायद इस बार 'न' कह सकता हूं	नहीं, इसे खाए बिना तो चलेगा

यदि इस मीटर पर कोई ट्रीट 8 की रेटिंग दे तो इसे ले लें पर 3, 2, 1 पर आए तो लालच छोड़ दें।

5 के स्केल तक वाले मनचाहे भोजन को धीरे-धीरे स्वाद ले कर खाएं। मनपंसद भोजन से पेट न भरें। बस थोड़ा स्वाद लें।

अपना ध्यान भोजन से हटा कर दूसरी जगह लगाएं। खुद की छरहरे रूप में कल्पना करें। हाई-कैलोरी मील लेने की बजाए नाइट-डांस का प्रोग्राम बनाएं।

नई सीडी खरीदें, ट्रेंडी हेयरकट कटाएं, लेटेस्ट फैशन सामग्री पर ध्यान दें, पास के फॉस्ट फूड ज्वाईंट से दूर रहें।

प्र. मेरे लिए क्रेश डाइटिंग कारगर उपाय है। क्या यह बुरी है?

उ. इससे आपको हानि हो सकती है। कैलोरी की मात्रा प्रतिदिन 1200

से घटाते ही, मेटाबॉलिज्म धीमा होगा, मसल्स मांस घटेगा व रोग प्रतिरोधक क्षमता घटने से बीमार पड़ जाएंगी। सच तो यह है कि लो-कैलोरी डाइट भी हाई-फैट डाईट जितनी ही हानिकारक होती है।

औसतन आपको 4 सप्ताह में 2 से 4 कि. वजन घटाने का लक्ष्य रखना चाहिए। इससे ज्यादा वजन, इस अवधि में न घटाएं। यदि फ्रेश डाइट करेंगी तो इससे अधिक वजन घट जाएगा पर वह वसा की बजाए पानी व मसल मास की कमी होगी।

बेहतर होगा कि पर्याप्त पोषण लें। अपनी सेहत की कीमत पर वजन न घटाएं।

प्र. अच्छी वसा क्या होती है, इसका क्या अर्थ है?

उ. मोनोसैचुरेटिड फैट अच्छी वसा का उदाहरण है जैसे ऑलिव, मूंगफली या कनोला ऑयल। पादप स्त्रोतों से प्राप्त जैसे पोली अनसैचुरेटिड फैट, कॉर्न व सनफ्लावर भी फायदेमंद हैं। इन्हें अच्छी वसा माना जाता है क्योंकि इनका सीमित मात्रा में प्रयोग करने से ब्लड कॉलेस्ट्रॉल घटता है व हृदय रोगों से बचाव होता है।

हर तरह के तेल-मूंगफली, सूरजमुखी, सरसों, जैतून, तिल आदि में 9 कैलोरी प्रति ग्रा. तेल होता है। मक्खन व घी में 9 कैलोरी प्रति ग्राम होती है। यदि वजन घटाना चाहें तो इनकी मात्रा घटाएं।

प्र. मेरी मां सोचती है कि मुझे घी में पका भोजन खाना चाहिए। क्या ये मेरी सेहत के लिए बुरा है?

उ. क्या आप जानते हैं कि आर्युवेद के प्राचीन विज्ञान ने घी के सेवन को प्रोत्साहित किया है। भारत में भी पारंपरिक तौर पर घी व घर के बने मक्खन का प्रयोग होता है तो आपकी मॉम गलत नहीं है।

हालांकि अच्छी चीजों का भी सीमित मात्रा में ही प्रयोग होना चाहिए। घी की सीमित मात्रा लें। इस तरह अधिक कैलोरी लिए बिना, घी में पके भोजन का स्वाद ले सकेंगे।

प्र. क्या डाइट की वजह से मेरे बाल झड़ रहे हैं?

उ. यहां मुझे थोड़ी ईमानदारी बरतनी होगी। केमीकल व प्रदूषण के कारण

बाल झड़ने की समस्या आम है पर गलत डाइट भी एक वजह हो सकती है, जिसे अनदेखा नहीं कर सकते।

यदि किसी प्राकृतिक अभाव के कारण जरूरत से ज्यादा बाल झड़ रहे हैं, जैसे आयरन, जिंक या प्रोटीन की कमी, तो आपको डाइट में सुधार लाना होगा।

लड़कियों में आयरन की कमी से भी बाल झड़ते हैं। यदि आप एनीमिक है तो आपके बाल भी झड़ेंगे।

संतुलित आहार से इन कमियों व अभावों को दूर कर सकते हैं। संतुलित आहार लेकर, बालों को पर्याप्त पोषण दें। आहार में आयरन से भरपूर खाद्य पदार्थ शामिल करें। जैसे - खजूर, अंजीर, किशमिश व चुकंदर आदि।

मूंगफली, दालों, अंडों व होल ग्रेन सीरीयल से जिंक की मात्रा लें प्रोटीन के लिए डेयरी उत्पाद, दालें, नट्स, बीज, सोया व फिश लें।

याद रखें कि संतुलित आहार के फायदे रातों रात सामने नहीं आते। इसमें समय लगता है पर आपको लाभ अवश्य मिलता है। आप पहले से कहीं घने, खूबसूरत व काले बाल पाते हैं।

चलते-चलते

इस पुस्तक में बहुत सी जानकारी दी गई है। आप यह भी सोच सकते हैं कि आपसे काफी कुछ कहा गया है पर एक बार सब पढ़ लेने के बाद आपको एहसास होगा कि इन सुझावों को अपनी जीवनशैली में शामिल करना इतना मुश्किल भी नहीं है। इसके लिए कोई अतिरिक्त प्रयास नहीं करना होगा।

सब कुछ एक साथ करने की कोशिश न करें। केवल उपयोगी जानकारी पर ही केंद्रित हों। अपने रूटीन में धीरे-धीरे बदलाव लाएं। आपको देख कर हैरानी होगी कि शरीर कितनी आसानी से प्रतिक्रिया देगा। भोजन या फिटनेस में कोई भी बदलाव लाते ही शरीर भी झटपट अद्‌भुत परिणाम देगा।

मेरा कहना है कि सब कुछ जानने के बाद, पूरा लाभ उठाने में देर न करें।

इसके लाभों को अनदेखा नहीं कर सकते। इसके बारे में सोचें। आपकी त्वचा व बाल भी अच्छे होंगे। उर्जा का स्तर भी बना रहेगा। आप पूरी तरह से फिट व टोंड रहेंगे। आप वैसी काया पा लेंगे, जिसका हमेशा सपना देखते आए हैं।

चाहे नए फैशन के वस्त्र हों या चुनौतीपूर्ण खेल, आप हर जगह आगे होंगे। यहां तक कि आत्मविश्वास का स्तर भी आपकी कल्पना से कहीं ऊंचा होगा।

तो फिर हो जाएं, फिट व फैब बनने को तैयार।

■■■